Libretti d'opera per

6

Tosca

Melodramma in tre atti

Libretto di Victorien Sardou, Luigi Illica e Giuseppe Giacosa
Musica di Giacomo Puccini

a cura di Sara Chiarenza

Bonacci Editore

I diritti di traduzione, di memorizzazione elettronica, di riproduzione e di adattamento totale o parziale, con qualsiasi mezzo (compresi i microfilm e le copie fotostatiche), sono riservati per tutti i paesi.

Printed in Italy

Bonacci editore

Via Paolo Mercuri, 8 - 00193 Roma
(ITALIA)
Tel. 06/68.30.00.04 – Telefax 06/68.80.63.82
e-mail:bonacci@flashnet.it

© Bonacci editore, Roma 1997
ISBN 88-7573-328-7

INTRODUZIONE

Il 14 Gennaio 1900 al Teatro Costanzi di Roma va in scena la prima rappresentazione di *Tosca* di Giacomo Puccini.
Le trattative per ricavare un'opera dal dramma in prosa di Victorien Sardou erano state complicate e sofferte. Puccini aveva dovuto affrontare insieme diffidenza da parte di Sardou, tensioni con altri musicisti concorrenti, disaccordo tra i librettisti Illica e Giacosa e, infine, uno scontro con il suo stesso editore, Giulio Ricordi, che voleva mantenere il carattere eroico dei personaggi almeno con un inno solenne, «un inno latino», alle libertà civiche.

Anche Puccini, già celebre dopo *Manon Lescaut* (1893) e *Bohème* (1896) era convinto che fosse giunto il momento di dare al pubblico un soggetto forte, esplicito, di alta tensione drammatica per scrollarsi di dosso la nomea di cantore delle fragili intimità; ma gli eroismi patriottici non erano il suo forte. La spuntò con tutti e a suo modo.

Illica e Giacosa furono incaricati di dimezzare il dramma a forti tinte di Sardou, portato al trionfo dalla *tragédienne* Sarah Bernhardt, e di piegarne il testo al progetto di Puccini.

FLORIA TOSCA, celebre cantante . . . . *soprano*
MARIO CAVARADOSSI, pittore . . . . *tenore*
IL BARONE SCARPIA, Capo della Polizia . . . . *baritono*
CESARE ANGELOTTI . . . . *basso*
IL SAGRESTANO. . . . . *baritono*
SPOLETTA, Agente di Polizia. . . . . *tenore*
SCIARRONE, Gendarme. . . . . *basso*
UN CARCERIERE. . . . . *basso*
UN PASTORE. . . . . *ragazzo*

Un Cardinale - Il Giudice del Fisco
Roberti, esecutore di Giustizia - Uno Scrivano
Un Ufficiale - Un Sergente
Soldati, Sbirri, Dame, Nobili, Borghesi, Popolo ecc.

Roma: Giugno 1800

È sembrato opportuno, per comodità del lettore, riportare il testo che si esegue correntemente, desunto dallo spartito per canto e pianoforte. Infatti il libretto originale, edito da Ricordi nel 1889, differisce in alcune espressioni dalla versione musicata e ritoccata dallo stesso Puccini.
(Cfr. *Tosca*, libretto a cura di E. Rescigno, Ricordi, 1995)

ATTO PRIMO

Roma, giugno 1800. La scena rappresenta la chiesa di Sant'Andrea della Valle nel cuore di Roma. Il primo personaggio è Cesare Angelotti, nobile romano oppositore del regime. Divenuto console della Repubblica Romana (che ebbe breve vita), al ritorno del Papa fu chiuso nella prigione di Castel Sant'Angelo in attesa di essere giustiziato.

2. «*ceffo*»: muso d'animale, come spregiativo, volto malvagio.
2. «*sbirro*»: poliziotto. Nel libretto è scritto sempre «birro». Puccini preferisce un termine più forte e popolare.
3. «*pila*»: recipiente che contiene l'acqua benedetta.
4. «*piè*»: piede.
5. «*mia sorella*»: la marchesa Attavanti.

La Chiesa di Sant'Andrea della Valle

A destra la Cappella Attavanti. A sinistra un impalcato: su di esso un gran quadro coperto da tela. Attrezzi vari da pittore. Un paniere.

ANGELOTTI
(vestito da prigioniero, lacero, sfatto, tremante dalla paura, entra ansante, quasi correndo, dalla porta laterale. Dà una rapida occhiata intorno)
Ah!... Finalmente!... Nel terror mio stolto
vedea ceffi di sbirro in ogni volto!
(torna a guardare attentamente intorno a sé con più calma a riconoscere il luogo. Dà un sospiro di sollievo vedendo la colonna colla pila dell'acqua santa e la Madonna)
La pila...la colonna...
«A piè della Madonna»
5   mi scrisse mia sorella...
(vi si avvicina, cerca ai piedi della Madonna e ne ritira, con un soffocato grido di gioia, una chiave)
Ecco la chiave!... ed ecco la Cappella!...
(addita la Cappella Attavanti; febbrilmente introduce la chiave nella serratura, apre la cancellata, penetra nella Cappella, rinchiude... e scompare).
IL SAGRESTANO
(appare dal fondo: va a destra e a sinistra, accudendo al govemo della chiesa: avrà in mano un mazzo di pennelli)
E sempre lava!... Ogni pennello è sozzo
peggio d'un collarin d'uno scagnozzo.
Signor pittore... Tò!...
(guarda verso l'impalcato dove sta il quadro, e vedendolo deserto, esclama sorpreso:)
10 Nessuno! - Avrei giurato

La chiesa di Sant'Andrea della Valle

Sulla scena, a destra si vede la Cappella Attavanti, a sinistra una impalcatura su cui è montato un grande quadro coperto da un telo. Intorno ci sono attrezzi vari da pittore e un paniere.
ANGELOTTI (Entra affannato e quasi di corsa da una porta laterale, con un vestito stracciato da prigioniero, disfatto nel volto e tremante di paura. Rapidamente getta uno sguardo intorno)
Finalmente! Per la mia insana paura
vedevo musi di poliziotti in ogni volto.
(guarda di nuovo con più calma e attenzione il luogo. Con un respiro di sollievo riconosce la colonna, l'acquasantiera e la statua della Madonna)

L'acquasantiera... la colonna
Mia sorella mi ha scritto di cercare
«Ai piedi della Madonna»...
(si avvicina e cerca ai piedi della Madonna. Con un grido di gioia soffocato prende una chiave)
Ecco, qui c'è la chiave, ed ecco la Cappella!
(Indica la Cappella Attavanti; agitato fa girare la chiave nella serratura, apre la cancellata, entra dentro la Cappella, richiude e si nasconde)
IL SAGRESTANO
(Viene in scena dal fondo e si sposta da destra a sinistra per riordinare la chiesa; porta in mano un mazzo di pennelli)
E strofina e lava!...Ogni pennello
è più sporco del colletto di un prete.
Signor pittore... Oh dov'è?
(guarda sull'impalcatura, dov'è il quadro, la vede vuota, esclama con sorpresa:)
Non c'è nessuno. Eppure avrei giurato

Il primo atto si svolge nella Chiesa di Sant'Andrea della Valle, dove si rifugia l'ex console della repubblica romana, Cesare Angelotti (basso). La sorella, Marchesa Attavanti, ha preparato la fuga, nascondendo la chiave della cappella di famiglia dietro la statua della Madonna.

L'opera è introdotta con impeto orchestrale, voce di ottoni, fiati e archi. Tre accordi non correlati (*si bemolle maggiore, la bemolle maggiore, mi maggiore*) drammaticamente definiti «il diabolico tritono», sono la cellula tematica che evoca il capo della polizia, Scarpia, portatore di sventura.

L'ingresso del Sagrestano è accompagnato da un

6. «*cappella*: vano laterale della chiesa, dove c'è un altare. Spesso chiusa da un cancello, veniva edificata dalle famiglie nobili per le cerimonie religiose private.
Sagrestano: chi tiene in ordine la chiesa. Sulla partitura di Puccini è sempre chiamato col termine toscano «scaccino».
7. «*sozzo*»: sudicio, sporco
8. «*collarin*»: colletto rigido dei sacerdoti.
s*cagnozzo:* prete povero, rozzo, senza parrocchia.
9. «*Tò!*»: esclamazione di meraviglia.
14. «*paniere*»: recipiente di vimini che contiene alimenti.

Entra in scena Mario Cavaradossi, pittore romano di simpatie repubblicane. Amante della cantante Floria Tosca, amico di Cesare Angelotti, lavora a un dipinto nella chiesa di Sant'Andrea.

16. «*Angelus*»: preghiera composta da

che fosse ritornato
il cavalier Cavaradossi.
(depone i pennelli, sale sull'impalcato, guarda dentro il paniere, e dice:)
No,
sbaglio. Il paniere è intatto.
(scende dall'impalcato. Suona l'Angelus. Il Sagrestano si inginocchia e prega sommesso:)
15   *Angelus Domini nuntiavit Mariae,*
et concepit de Spiritu Sancto.
Ecce ancilla Domini,
fiat mihi secundum verbum tuum.
Et Verbum caro factum est,
20   *et habitavit in nobis.*

Cavaradossi - Sagrestano

CAVARADOSSI
(dalla porta laterale, vedendo il Sagrestano in ginocchio)
Che fai?
SAGRESTANO (alzandosi)
Recito l'Angelus.
(Cavaradossi sale sull'impalcato e scopre il quadro. È una Maria Maddalena a grandi occhi azzurri con una gran pioggia di capelli dorati. Il pittore vi sta dinanzi muto attentamente osservando).
(Il Sagrestano, volgendosi verso Cavaradossi per dirigergli la parola, vede il quadro scoperto e dà in un grido di meraviglia)
SAGRESTANO
Sante
ampolle! Il suo ritratto!
CAVARADOSSI (volgendosi al Sagrestano)
25   Di chi?
SAGRESTANO
Di quell'ignota
che i dì passati a pregar qui venìa...
(con untuosa attitudine accennando verso la Ma-

Atto primo

che il Cavalier Cavaradossi fosse rientrato.

(posa i pennelli, poi sale sull'impalcatura. Guarda dentro il paniere della colazione e dice:)
No, mi sbaglio.
Il paniere non è stato toccato.
(Suona l'Angelus. Il Sagrestano si inginocchia e prega sottovoce:)
L'Angelo di Dio annunziò a Maria
e concepì dallo Spirito Santo.
Ecco la serva del Signore
avvenga di me secondo la tua parola.
E il Verbo diventò carne e abitò fra noi.

«allegro grazioso» che conferisce un tono saltellante e caricaturale al personaggio.

Al suono dell'*Angelus*, il tono indispettito del sagrestano assume uno stile salmodiante e umile, manifestando subito l'ambiguità della sua doppia natura.

CAVARADOSSI
(entra da una porta laterale e vedendo il Sagrestano inginocchiato chiede:)
Che fai?
SAGRESTANO (rialzandosi)
Recito l'Angelus.
(Cavaradossi sale sull'impalcatura e scopre il quadro. Vi è dipinta una Maria Maddalena con grandi occhi azzurri e una gran cascata di capelli biondi. Il pittore l'osserva attentamente in silenzio. Il Sagrestano si rivolge verso di lui per parlargli, vede il quadro scoperto ed esclama sorpreso:)

SAGRESTANO
Sante ampolle!
Ma questo è il suo ritratto!...
CAVARADOSSI (rivolgendosi a lui)
Di chi?
SAGRESTANO
Di quella donna sconosciuta
che nei giorni scorsi è venuta qui a pregare.
(affettando modi compunti, indica verso la Madon-

Nella scena che segue entra il pittore Mario Cavaradossi (tenore), che sta eseguendo delle pitture in quella chiesa. Ha collocato su un'impalcatura un grande quadro che raffigura Maria Maddalena, per la quale ha preso come modella, furtivamente, la Marchesa Attavanti. Quando scopre il quadro, anche il Sagrestano ne ravvisa il volto con stupore.

TOSCA

tre versetti (Luca 1,26 - Luca, 1,38- Giovanni 1, 14)
17. «*Sante Ampolle*»: bottigliette che contengono l'acqua e il vino per la Messa.
21. «*Dì passati*»: giorni scorsi.
21. «*venìa*»: veniva
25. «*pinsi*»: dipinsi
28. «*recondita*»: misteriosa
31. «*beltade*»: bellezza (arcaico)
36. «*mirar*: ammirare. Un'altra versione porta «ritrar».
38. «*fanti*»: bambini, domestici, soldati, persone di poco rispetto
46. «*diverse gonne*»: metonimia, la gonna indica la donna.
48. «*tanfo*»: puzzo, cattivo odore

donna dalla quale Angelotti trasse la chiave)
    tutta devota - e pia.
CAVARADOSSI (sorridendo)
    È vero. E tanto ell'era
30 infervorata nella sua preghiera
    ch'io ne pinsi, non visto, il bel sembiante.
SAGRESTANO (scandalizzato)
    (Fuori, Satana, fuori!)
CAVARADOSSI (al Sagrestano)
    Dammi i colori!
(Il Sagrestano esegusice. Cavaradossi dipinge con rapidità e si sofferma spesso a riguardare il proprio lavoro: il Sagrestano va e viene, portando una catinella entro la quale continua a lavare i pennelli).
(A un tratto Cavaradossi si ristà di dipingere; leva di tasca un medaglione contenente una miniatura e gli occhi suoi vanno dal medaglione al quadro).
    Recondita armonia
35   di bellezze diverse!... È bruna Floria,
    l'ardente amante mia,
    e te beltade ignota,
    cinta da chiome bionde!
    Tu azzurro hai l'occhio, Tosca ha l'occhio
                                    [nero!
40 L'arte nel suo mistero
    le diverse bellezze insiem confonde:
    ma nel mirar costei
    il mio solo pensier, Tosca sei tu!
(continua a dipingere.)
SAGRESTANO
(a mezza voce come brontolando)
    (Scherza coi fanti e lascia stare i santi...
(s'allontana per prendere l'acqua onde pulire i pennelli.
Ritornando dal fondo e sempre scandolezzato dice:)
45   Scherza coi fanti e lascia stare i santi!
(riprende a lavare i pennelli)
    Queste diverse gonne
    che fanno concorrenza alle Madonne
    mandan tanfo d'Inferno.

Atto primo

na, dove Angelotti ha trovato la chiave):
Era tutta devota e religiosa.
CAVARADOSSI (sorridendo)
È vero. Sembrava così concentrata
nella preghiera che io, senza farmi vedere,
ho dipinto il suo bellissimo aspetto.
SAGRESTANO (scandalizzato, tra sé)
Vai fuori, Satana, vai fuori!
CAVARADOSSI (al Sagrestano)
Dammi i colori.
(Il Sagrestano esegue. Cavaradossi dà qualche rapida pennellata e si ferma spesso a guardare l'effetto. Intanto il Sagrestano va e viene portando una bacinella con l'acqua dove continua a lavare i pennelli. Ad un tratto, Cavaradossi smette di dipingere; prende dalla tasca un medaglione con una miniatura e guarda, alternativamente, ora il medaglione ora il quadro).
Misteriosa armonia
di bellezze tanto diverse!
Floria, la mia appassionata amante, è bruna
E tu, bellezza sconosciuta
sei avvolta dai capelli biondi.
Tu hai gli occhi azzurri,
e Tosca ha gli occhi neri.
L'arte misteriosamente
mescola le bellezze così diverse:
ma mentre io dipingo la sconosciuta,
penso solo a te, Tosca.
(continua a dipingere)
SAGRESTANO
(parla tra sé brontolando)
(Scherza con i fanti e rispetta i santi!)
(s'allontana a prendere l'acqua per pulire i pennelli; ritornando dice scandalizzato:)

Scherza con i fanti e rispetta i santi!

Queste due gonnelle diverse
che fanno concorrenza alla Madonna
puzzano d'inferno.

Improvvisamente il pittore trae dalla tasca una miniatura con il ritratto della donna amata, la cantante Floria Tosca, e si abbandona allora a un grande arioso, dove l'elemento melodico è trainante, basato sull'evocazione delle due figure femminili. È una delle più celebri pagine di Puccini per tenore.

Il Sagrestano, scandalizzato e malevolo, commenta tra sé e rivela le sue antipatie per il giovane pittore, accusandolo di essere genericamente un seguace di Voltaire, vale a dire un simpatizzante per i francesi rivoluzionari, atei e nemici della Chiesa.

50. «*volterriani*»: seguaci di Voltaire, sta per atei e repubblicani. La battuta è rivolta a Cavaradossi.
59. «*fa penitenza*»: vuole digiunare
61. «*mi rincresce*»: mi dispiace

(asciuga i pennelli lavati, non senza continuare a borbottare)
Scherza coi fanti e lascia stare i santi!
50 Ma con quei cani di volterriani
nemici del santissimo governo
non s'ha da metter voce!...
(pone la catinella sotto l'impalcato ed i pennelli li colloca in un vaso, presso al pittore)
Scherza coi fanti e lascia stare i santi!
(accennando a Cavaradossi)
Già sono impenitenti tutti quanti!
55 Facciam piuttosto il segno della croce.)
(eseguisce) (a Cavaradossi)
Eccellenza, vado?
CAVARADOSSI
Fa' il tuo piacere!...
(continua a dipingere).
SAGRESTANO (indicando il cesto)
Pieno è il paniere...
Fa penitenza?
CAVARADOSSI
60 Fame non ho.
SAGRESTANO (con ironia stropicciandosi le mani)
Ah!... mi rincresce!...
(ma non può trattenere un gesto di gioia e uno sguardo di avidità verso il cesto che prende ponendolo un po' in disparte) (fiuta due prese di tabacco)
Badi, quand'esce
chiuda.
CAVARADOSSI (dipingendo)
Va'!...
SAGRESTANO
65   Vo!
(s'allontana per il fondo. Cavaradossi, volgendo le spalle alla Cappella, lavora. Angelotti, credendo deserta la chiesa, appare dietro la cancellata e introduce la chiave per aprire).

ATTO PRIMO

(asciuga i pennelli continuando a brontolare)
Scherza con i fanti e rispetta i santi!
Ma con questi animali, seguaci di Voltaire,
nemici del governo della Santa Sede,
non bisogna nemmeno parlare.

(ripone la catinella sotto l'impalcatura, sistema i pennelli in un vaso vicino al pittore)
Scherza con i fanti e rispetta i santi!
(accenna a Cavaradossi)
Tanto sono tutti impuniti!
Meglio farsi il segno della croce.
(Esegue) (rivolto a Cavaradossi)
Eccellenza, posso andare?
CAVARADOSSI
Fai pure come ti fa comodo.
(sempre dipingendo)
SAGRESTANO (indicando il paniere con la colazione)
Il paniere è ancora pieno.
Vuole digiunare per penitenza?
CAVARADOSSI
Non ho fame.
SAGRESTANO (con atteggiamento ipocrita fregandosi le mani) *Oh, mi dispiace!*
(non riesce a frenare un gesto di soddisfazione e uno sguardo di desiderio quando prende il paniere e lo pone in disparte; fiuta due prese di tabacco)
Mi raccomando: chiuda la porta quando esce.

CAVARADOSSI (dipingendo)
Vai!
SAGRESTANO
Vado.
(Si allontana verso il fondo della scena. Cavaradossi, che volge le spalle alla Cappella Attavanti, continua a dipingere. Angelotti appare dietro la cancellata, crede che non ci sia più nessuno in chiesa, infila la chiave per aprire).

Avido quanto invidioso, il Sagrestano si allontana soddisfatto di aver messo da parte per sé il paniere per la colazione.

72. «*spenta repubblica romana*»: la discesa in Italia di Napoleone (1796) aveva incoraggiato anche la nascita della repubblica romana (1798); l'anno dopo le truppe napoletane, d'intesa con quelle austro-russe, aiutarono il Papa a rientrare a Roma e a catturare i patrioti repubblicani.
73. «*Castel Sant'Angelo*»: prigione di Stato.
76. «*celatevi*»: nascondetevi.

Cavaradossi – Angelotti

CAVARADOSSI (al cigolìo della serratura si volta)
 Gente là dentro!!...
(al movimento fatto da Cavaradossi, Angelotti, atterrito, si arresta come per rifugiarsi ancora nella Cappella; ma, alzati gli occhi, un grido di gioia, che egli soffoca tosto timoroso, erompe dal suo petto. Egli ha riconosciuto il pittore e gli stende le braccia come ad un aiuto insperato)
ANGELOTTI
     Voi!? Cavaradossi!
 Vi manda Iddio!
(Cavaradossi non riconosce Angelotti e rimane attonito sull'impalcato.
Angelotti si avvicina di più onde farsi conoscere)
ANGELOTTI
 Non mi ravvisate? (con tristezza)
70 Il carcere m'ha dunque assai mutato!
CAVARADOSSI
(riconoscendolo, depone rapido tavolozza e pennelli e scende dall'impalcato verso Angelotti, guardandosi cauto intorno)
 Angelotti! Il Console
 della spenta repubblica romana!
(corre a chiudere la porta a destra)
ANGELOTTI
(andando incontro a Cavaradossi)
 Fuggii pur ora da Castel Sant'Angelo!...
(con mistero)
CAVARADOSSI (generosamente)
 Disponete di me!
VOCE DI TOSCA
75   Mario!
(alla voce di Tosca, Cavaradossi fa un rapido cenno ad Angelotti di tacere)
CAVARADOSSI
       Celatevi!
 È una donna... gelosa. Un breve istante
 e la rimando.

Atto primo

CAVARADOSSI (avverte il cigolio della chiave nella serratura e si volta) *Chi c'è la dentro?*
(Angelotti sente Cavaradossi muoversi e si ferma terrorizzato, pronto a rifugiarsi di nuovo in Cappella. Poi alza gli occhi e non può trattenere un grido di gioia presto soffocato perché riconosce il pittore. Gli tende le braccia come a un salvatore inatteso.)
ANGELOTTI
Siete voi! Cavaradossi!
Vi manda Dio.
(Cavaradossi non riconosce Angelotti e rimane incerto sul palco.
Angelotti viene sotto per farsi riconoscere)
ANGELOTTI
Non mi riconoscete?
La prigione, dunque, mi ha cambiato così tanto?
CAVARADOSSI
(Finalmente, lo riconosce. Posa rapido tavolozza e pennelli, scende dall'impalcatura e va verso di lui, mentre guarda prudentemente intorno)
Angelotti! Il Console
della Repubblica romana caduta!
(corre a chiudere la porta a destra)
ANGELOTTI
(Andando verso Cavaradossi)
Sono fuggito appena adesso da Castel
Sant'Angelo (con mistero)
CAVARADOSSI (pronto, con generosità)
Contate pure su di me!
VOCE DI TOSCA
Mario!
(al suono della voce di Tosca, Cavaradossi fa cenno ad Angelotti di tacere)
CAVARADOSSI
Nascondetevi!
È una donna gelosa. Un attimo solo
e la mando indietro.

Con la nuova scena, Angelotti, uscito dal nascondiglio, vede Mario, riconosce un amico e gli chiede aiuto. Nello scambio animato di battute tra i due, la musica assume un'intonazione più eroica.

Il colloquio è interrotto dall'arrivo di Floria Tosca (soprano). Come accade spesso nelle opere di Puccini, l'arrivo della protagonista è annunciato dalla voce fuori campo. Angelotti si nasconde di nuovo e porta con sé il paniere della colazione, elemento importante per lo sviluppo futuro della vicenda. Tuttavia la presenza di Angelotti viene avvertita ugualmente, durante l'incontro tra gli amanti, nell'atmosfera di disagio generale, nel tono imbarazzato di Cavaradossi, cui non sono estranee le soluzioni musicali inquietanti.

82. «*stremo*»: che è all'estremo, al limite.
 	
Floria Tosca fa il suo ingresso: cantante famosa, innamorata di Cavaradossi, gelosa e religiosa; alla trama dell'opera non occorre aggiungere altro.
	VOCE DI TOSCA
	    Mario!
	CAVARADOSSI
	(verso la porta di dove viene la voce di Tosca)
	80 Eccomi!
	ANGELOTTI
	(colto da un accesso di debolezza si appoggia all'impalcato e dice dolorosamente:)
	        Sono
	stremo di forze, più non reggo...
	CAVARADOSSI
	(rapidissimo, sale sull'impalcato, ne discende col paniere e lo dà ad Angelotti)
	       In questo
	panier v'è cibo e vino!
	ANGELOTTI
	85 Grazie!
	CAVARADOSSI (incoraggiando Angelotti lo spinge verso la cappella)
	       Presto!
	(Angelotti entra nella Cappella).
	
	    Cavaradossi – Tosca
	
	VOCE DI TOSCA
	(chiamando ripetutamente stizzita)
	 Mario!
	CAVARADOSSI
	(fingendosi calmo apre a Tosca)
	    Son qua!
	TOSCA
	(entra con una specie di violenza, allontana bruscamente Mario che vuole abbracciarla e guarda sospettosa intorno a sé).
	    Perché chiuso?
	CAVARADOSSI
	(con simulata indifferenza)
	90 Lo vuole
	il Sagrestano...

Atto primo

VOCE DI TOSCA
Mario!
CAVARADOSSI
(rivolto alla porta da cui viene la voce di Tosca)
Eccomi!
ANGELOTTI
(preso dalle vertigini per la debolezza, si appoggia all'impalcatura e dice penosamente:)
Non ho più forze.
Sono sfinito.
CAVARADOSSI
(sale alla svelta sulle impalcature, e torna giù con il paniere del cibo che dà ad Angelotti)
In questo paniere c'è del cibo e del vino.

ANGELOTTI
Grazie!
CAVARADOSSI (Rincuorandolo, lo spinge a rientrare in cappella)
Presto!
(Angelotti si rifugia dentro la Cappella)

VOCE DI TOSCA
(chiama nervosamente più volte)
Mario! Mario! Mario!
CAVARADOSSI
(assume un atteggiamento calmo e apre a Tosca)
Sono qui!
TOSCA
(Irrompe dentro quasi con violenza, allontana Cavaradossi che vuole abbracciarla e si guarda intorno con sospetto)
Perché è chiuso?
CAVARADOSSI
(con finta indifferenza)
Il Sagrestano vuole così.

L'ingresso impetuoso di Tosca disegna già il suo carattere e prelude alla scena di gelosia che farà all'uomo quando riconoscerà l'Attavanti nella Maddalena dipinta. Temperamento mutevole, febbrile tanto nella passione quanto nel sospetto, la cantante è venuta a dare appuntamento all'amante per quella stessa sera.

La melodia, su cui si incentra il tema di Tosca, ritornerà a dispiegarsi nel corso del colloquio libera e appassionata, risolvendo, momentaneamente, il conflitto emotivo di Cavaradossi.

104. «*pria*»: prima
«*infiori*»: da «infiorare» ornare di fiori. Si delinea l'aspetto devoto di Tosca.
108. «*andiam*»: ce ne andiamo
«*soletti*»: tutti soli
111. «*effluvio floreal*»: il profumo fragrante dei fiori.

TOSCA
    A chi parlavi?
CAVARADOSSI
      A te!
TOSCA
  Altre parole bisbigliavi. Ov'è?...
CAVARADOSSI
95 Chi?
TOSCA
   Colei!... Quella donna!...
  Ho udito i lesti
  passi ed un fruscìo di vesti...
CAVARADOSSI
  Sogni!
TOSCA
100   Lo neghi?
CAVARADOSSI
  Lo nego e t'amo!
(per baciarla)
TOSCA
(con dolce rimprovero)
      Oh! innanzi la Madonna...
  No, Mario mio,
  lascia pria che la preghi, che l'infiori...
(si avvicina lentamente alla Madonna, dispone con arte, intorno ad essa, i fiori che ha portato con sé, si inginocchia e prega con molta devozione, segnandosi, poi s'alza; a Cavaradossi, che intanto si è avviato per riprendere il lavoro)
105 Ora stammi a sentir - stassera canto,
  ma è spettacolo breve. - Tu m'aspetti
  sull'uscio della scena
  e alla tua villa andiam soli, soletti.
CAVARADOSSI
(che fu sempre soprapensieri)
  Stassera!
TOSCA
110   È luna piena
  e il notturno effluvio floreal
  m'inebria il cor! - Non sei contento?

Atto primo

TOSCA
E tu a chi parlavi?
CAVARADOSSI
A te!
TOSCA
No. Sussurravi altre parole. Dov'è?
CAVARADOSSI
Chi?
TOSCA
Lei... quella donna!
Ho sentito dei passi veloci
e un fruscio di vestiti...
CAVARADOSSI
Stai sognando!
TOSCA
Lo neghi?
CAVARADOSSI
Certo che lo nego e ti amo!
(cerca di baciarla)
TOSCA
(Lo respinge con tono di dolce rimprovero)
No, davanti alla Madonna. No, Mario mio!
Almeno lascia che prima io le offra dei fiori e una
preghiera
(Si avvicina alla Madonna, dispone con arte i fiori che ha portato, poi s'inginocchia e prega con profondo raccoglimento; quando si alza, si rivolge a Cavaradossi che ha ripreso a dipingere)
Ora ascoltami: questa sera debbo cantare
ma è uno spettacolo breve. Tu aspettami
all'uscita della scena
e poi, soli soletti, ce ne andremo nella tua villa.

CAVARADOSSI
(Che ha ascoltato sempre pensieroso)
Stasera?
TOSCA
La luna è piena.
E il profumo dei fiori di notte mi ubriaca il cuore.
Non sei contento?

Ma inizialmente lo scambio tra i due amanti è intessuto di sospetti, reticenze, brevi battute incisive, improvvise aperture verso abbandoni lirici: da parte di lui, incerto e distratto perché condizionato dalla preoccupazione per l'amico, da parte di lei attraverso sentimenti di gelosia, passione, abbandono sensuale.

Giacosa declinò ogni responsabilità sugli esiti artistici di un dialogo così frammentario, che invece non poteva svolgersi psicologicamente in altro modo, perché ogni stimolo offerto da Tosca si estenua nel retropensiero di Cavaradossi. Puccini ha lavorato su cellule musicali ridotte, fornendo con la musica interpretazione all'azione.

TOSCA

112: «*inebria*»: ubriaca, esalta.
118. «*ascosa*»: nascosta.
125. «*roveti*»: cespugli di rovi.
126. «*imo*»: più basso, profondo.
127. «*franti*»: rotti, spaccati.
134. «*lunare albor*»: il chiarore della luce della luna.
135. «*volte stellate*»: i cieli.
138. «*mia sirena*»: nel senso di donna attraente come una sirena.

(si siede sulla gradinata presso a Cavaradossi)
CAVARADOSSI
(ancora un po' distratto e peritoso)
         Tanto!
TOSCA (colpita da quell'accento freddo)
  Tornalo a dir!
CAVARADOSSI
115   Tanto!
TOSCA (stizzita)
       Lo dici male:
 non la sospiri la nostra casetta
 che tutta ascosa nel verde ci aspetta?
 nido a noi sacro, ignoto al mondo inter,
120 pien d'amore e di mister?
 Al tuo fianco sentire
  per le silenziose
  stellate ombre, salir
  le voci delle cose!...
125 Dai boschi e dai roveti,
  dall'arse erbe, dall'imo
  dei franti sepolcreti
  odorosi di timo,
  la notte escon bisbigli
130 di minuscoli amori
  e perfidi consigli
  che ammolliscono i cuori.
 Fiorite, o campi immensi, palpitate
 aure marine nel lunare albor,
135 piovete voluttà, volte stellate!
 Arde a Tosca folle amor!
(reclinando la testa sulla spalla di Cavaradossi)
CAVARADOSSI (vinto, ma vigilante)
 Mi avvinci nei tuoi lacci
 mia sirena, mia sirena, verrò!
(guarda verso la parte donde uscì Angelotti)
 Or lasciami al lavoro.
TOSCA (sorpresa)
140   Mi discacci?
CAVARADOSSI
 Urge l'opra, lo sai!

Atto primo

(Si siede sulla gradinata accanto a Cavaradossi)
CAVARADOSSI
(Sempre distratto e timoroso)
Tanto.
TOSCA (Colpita dal tono freddo)
Dillo di nuovo.
CAVARADOSSI
Tanto!
TOSCA (Stizzita)
Lo dici male!
Non sogni la nostra casetta che ci attende
nascosta nel verde? Il nido sacro per noi
e segreto per il resto del mondo,
pieno d'amore e di mistero?
Nell'ombra silenziosa e stellata
voglio ascoltare la voce delle cose,
stretta al tuo fianco.

Di notte, le voci e i bisbigli di piccoli amori
escono dai boschi, dai cespugli,
dalle erbe secche, dal profondo delle tombe
in rovina profumate di timo,
e lanciano maliziosi suggerimenti
che inteneriscono i cuori.

> Viene in primo piano «casetta», il luogo dell'appuntamento evocato soggettivamente da Tosca attraverso i sensi, le voci, i profumi, la luna, non per suo ricordo ma per invogliare l'amante distratto.
> Musicalmente fragile, l'aria però ha il pregio di rendere concreta un'atmosfera in contrasto con l'ambiente della chiesa: una scatola dentro una scatola.

Fiorite distese di campi, palpitate brezze marine
sotto il chiarore della luna e tu, cupola di stelle,
manda giù una pioggia di piaceri! Un fuoco
immenso d'amore brucia nel sangue di Tosca!
(reclina la testa sulla spalla di Cavaradossi)
CAVARADOSSI (ormai vinto, ma guardingo)
Mi stringi con i tuoi legami
Sì, verrò mia sirena!
(guarda verso il lato della scena da cui è uscito Angelotti) *Ma ora lasciami lavorare.*
TOSCA (sorpresa)
Mi cacci via?
CAVARADOSSI
Il lavoro è urgente, lo sai.

145. «*la Maddalena*»: Maria di Magdala, la peccatrice ricordata in diversi episodi del Vangelo.
150. «*cilestrini*»: azzurro pallido
153. «*è l'Attavanti*»: qui si identifica la donna «ignota» con il personaggio citato.
158. «*bisbiglio*»: sussurro.
161. «*civetta*»: si dice di donna che provoca il corteggiamento.
	TOSCA (stizzita, alzandosi)
	    Vado!
	(s'allontana un poco da Cavaradossi, poi voltandosi per guardarlo, vede il quadro, ed agitatissima ritorna presso Cavaradossi)
	       Chi è quella
	 donna bionda lassù?
	CAVARADOSSI (calmo)
	145 La Maddalena.
	 Ti piace?
	TOSCA
	   È troppo bella!
	CAVARADOSSI (ridendo ed inchinandosi)
	 Prezioso elogio.
	TOSCA (sospettosa)
	     Ridi?
	150 Quegli occhi cilestrini già li vidi...
	CAVARADOSSI (con indifferenza)
	 Ce n'è tanti pel mondo!...
	TOSCA (cercando ricordare)
	      Aspetta... Aspetta...
	(sale sull'impalcato) (trionfante)
	 È l'Attavanti!
	CAVARADOSSI (ridendo)
	   Brava!...
	TOSCA (vinta dalla gelosia)
	155 La vedi? T'ama? (piangendo)
	    Tu l'ami?
	CAVARADOSSI (procura di calmarla)
	 Fu puro caso...
	TOSCA (non ascoltandolo, con ira gelosa)
	 Quei passi e quel bisbiglio
	 Ah! qui stava pur ora!
	CAVARADOSSI
	160 Vien via!
	TOSCA
	 Ah! la civetta! (minacciosa)
	   A me, a me!
	CAVARADOSSI (serio)
	   La vidi ieri, ma fu puro

Atto primo

TOSCA (stizzita si rialza)
Va bene, vado.
(si allontana da Cavaradossi, poi girandosi per guardarlo, vede il quadro e agitatissima torna da lui)
Chi è quella donna bionda lassù?
CAVARADOSSI (calmo)
La Maddalena. Ti piace?

TOSCA
È troppo bella!
CAVARADOSSI (ridendo e inchinandosi)
Un elogio lusinghiero.
TOSCA (con sospetto)
Perché ridi?
Quegli occhi celestini io li ho già visti...
CAVARADOSSI (fingendo indifferenza)
Ce ne sono tanti in giro per il mondo!
TOSCA (cercando di ricordare)
Aspetta... Aspetta...
(sale sul palco e esclama trionfante)
È l'Attavanti!
CAVARADOSSI (ridendo)
Brava!
TOSCA (con furore di gelosia)
La vedi?
Allora ti ama! E tu l'ami?
CAVARADOSSI (cerca di calmarla)
Ma è stato per caso...
TOSCA (non lo ascolta, presa dalla gelosia)
Quei passi che sentivo, quel sussurrare...
Era qui adesso!
CAVARADOSSI
Ma via!
TOSCA
Ah che civetta! (minacciosa)
A me, a me!
CAVARADOSSI
L'ho vista ieri, ma per caso...

> Questa che segue è una grande scena, che sfiora la possibilità della «scena madre». È quasi a livello di recitativo, basata più sulla declamazione che sul fatto musicale in sé.

TOSCA

169. «*fiso*»: fisso, sguardo intenso
175. «*quale occhio ... di paro*»: al pari, può reggere il confronto.

    caso... A pregar qui venne... non visto
165 la ritrassi...
TOSCA
        Giura!
CAVARADOSSI (serio)
        Giuro!
TOSCA (sempre cogli occhi rivolti al quadro)
    Come mi guarda
    fiso!
CAVARADOSSI
(la spinge dolcemente a scendere dalla gradinata. Essa discende all'indietro tenendo alto le sue mani in quelle di Cavaradossi. Tosca scendendo ha sempre la faccia verso il quadro cui Mario dà le spalle)
170   Vien via...
TOSCA
    Di me, beffarda,
    ride! (sono scesi)
CAVARADOSSI
    Follia!
(la tiene presso di sé fissandola in viso)
TOSCA (con dolce rimprovero)
    Ah, quegli occhi!...
CAVARADOSSI
175   Quale occhio al mondo può star di paro
    all'ardente occhio tuo nero?
    E qui che l'esser mio s'affisa intero.
    Occhio all'amor soave, all'ira fiero!
    Qual altro al mondo può star di paro
180   all'occhio tuo nero!...
TOSCA (rapita, appoggiando la testa alla spalla di Cavaradossi)
    Oh come la sai bene
    l'arte di farti amare!
(maliziosamente)
    Ma... falle gli occhi neri!...
CAVARADOSSI (teneramente)
               Mia gelosa!
TOSCA
185   Sì, lo sento... ti tormento

Atto primo

> *Era venuta qui a pregare*
> *e senza farmi vedere l'ho ritratta.*

TOSCA
> *Giura!*

CAVARADOSSI (serio)
> *Giuro!*

TOSCA (sempre con gli occhi sul quadro)
> *Come mi guarda fissamente!*

CAVARADOSSI
(la invita a scendere, ma Tosca guarda sempre il quadro)

> *Ma via!*

TOSCA
> *Si prende gioco di me e ride.*

(scendono)

CAVARADOSSI
> *Che follia!*

(la tiene presso di sé, guardandola)

TOSCA (con dolce rimprovero)
> *Quegli occhi...*

CAVARADOSSI
> *Ma quali occhi al mondo possono essere*
> *paragonabili ai tuoi ardenti occhi neri? È in*
> *questi tuoi occhi che si riversa tutto il mio essere.*
> *Occhi dolcissimi nell'amore e impetuosi nell'ira!*
> *Quali altri occhi al mondo possono essere*
> *paragonabili ai tuoi occhi neri?*

TOSCA
(conquistata, si appoggia alla spalla di Cavaradossi)

> *Come conosci bene*
> *l'arte di farti amare!*

(poi, maliziosamente)

> *Ma dipingile gli occhi neri!*

CAVARADOSSI (teneramente)
> *Ecco la mia gelosa!*

TOSCA
> *Sì, lo so, ti tormento*

Il colloquio, riconducibile a una didascalia teatrale, riesce a riconfluire nel tono lirico e passionale dell'intervento di Cavaradossi «Quale occhio al mondo...». Come sempre in Puccini la musica si accavalla allargando le forme del duetto.

199. «*L'alma acquieta*»: tranquillizza l'anima
201. «*peccata*»: peccati (arcaico)
207. «*treccia bionda o bruna*»: in riferimento ai capelli femminili chiari o scuri.

senza posa.
CAVARADOSSI
    Mia gelosa!
TOSCA
    Certa sono - del perdono
    se tu guardi al mio dolor!
CAVARADOSSI
190 Mia Tosca idolatrata,
    ogni cosa in te mi piace;
    l'ira audace
    e lo spasimo d'amor!
TOSCA
    Dilla ancora
195 la parola che consola...
    dilla ancora!
CAVARADOSSI
    Mia vita, amante inquieta,
    dirò sempre: «Floria, t'amo!»
    Ah! l'alma acquieta,
200 sempre «t'amo!» ti dirò!
TOSCA
(sciogliendosi, paurosa d'esser vinta)
    Dio! quante peccata!
    M'hai tutta spettinata!
CAVARADOSSI
    Or va, lasciami!
TOSCA
    Tu fino a stassera
205 stai fermo al lavoro. E mi prometti:
    sia caso o fortuna,
    sia treccia bionda o bruna,
    a pregar non verrà donna nessuna!
CAVARADOSSI
    Lo giuro, amore!... - Va'!
TOSCA
210   Quanto m'affretti!
CAVARADOSSI
(con dolce rimprovero vedendo rispuntare la gelosia)
    Ancora?

Atto primo

in continuazione.
CAVARADOSSI
   Mia gelosa!
TOSCA
   Sono certa che mi perdoni
   se consideri il mio tormento!
CAVARADOSSI
   Tosca adorata,
   di te mi piace tutto:
   l'ira impetuosa
   e lo struggente abbandono d'amore!
TOSCA
   Ripetimi ancora
   la parola che mi conforta...
   Ripetila ancora.
CAVARADOSSI
   Vita mia, amore inquieto,
   te lo dirò sempre «Floria, ti amo!»
   Stai tranquilla. Te lo dirò sempre
   «Ti amo»!
TOSCA
   (si allontana per non lasciarsi andare del tutto)
   Dio mio! Quanti peccati!
   Mi hai tutta spettinata.
CAVARADOSSI
   Ora vai, lasciami.
TOSCA
   Tu resta qui a lavorare fino a questa sera.
   E mi prometti che né per caso né per fortuna
   verranno a pregare donne con trecce bionde
   o brune?

CAVARADOSSI
   Te lo giuro, amore! Vai!
TOSCA
   Ti preme di farmi fretta!
CAVARADOSSI
(con tono di dolce rimprovero, temendo un nuovo attacco di gelosia)
   Ancora?

Ciò che segue è lo sviluppo della impostazione tematica e armonica nel momento in cui il battibecco è interrotto. La variazione potrebbe continuare all'infinito; Puccini, con grande senso teatrale, dopo quest'onda di musica che non vuole interrompersi, su poche note costruisce la conclusione del duetto, improvvisamente tagliando il nodo («*Tu fino a stassera...*»)

216. «*credente*»: professa la religione cattolica.
220. «*disegno*»: progetto, intenzione.
221. «*a norma degli eventi*»: secondo gli eventi.
224. «*ascose*»: nascoste (da «ascondere», arcaico)
225. «*muliebre*»: femminile
	TOSCA (cadendo nelle sue braccia e porgendogli la guancia)
	   No - perdona!...
	CAVARADOSSI (scherzoso)
	   Davanti la Madonna?
	TOSCA (accennando alla Madonna)
	      È tanto buona!
	(si baciano. Avviandosi ad uscire e guardando ancora il quadro, maliziosamente gli dice:)
	215 Ma falle gli occhi neri!...
	(fugge rapidamente. Cavaradossi rimane commosso e pensieroso)

Cavaradossi - Angelotti

(Appena uscita Tosca, Cavaradossi sta ascoltandone i passi allontanarsi, poi con precauzione socchiude l'uscio e guarda fuori. Visto tutto tranquillo, corre alla Cappella. Angelotti appare subito dietro la cancellata).
CAVARADOSSI
(aprendo la cancellata ad Angelotti, che naturalmente ha dovuto udire il dialogo precedente)
 È buona la mia Tosca, ma credente
 al confessor nulla tiene celato,
 ond'io mi tacqui. È cosa più prudente.
ANGELOTTI
 Siam soli?
CAVARADOSSI
220   Sì. Qual è il vostro disegno?...
ANGELOTTI
 A norma degli eventi, uscir di Stato
 o star celato in Roma... Mia sorella...
CAVARADOSSI
 L'Attavanti?
ANGELOTTI
     Sì,... ascose un muliebre
225 abbigliamento là sotto l'altare...
 vesti, velo, ventaglio...

ATTO PRIMO

TOSCA
(cade nelle sue braccia e gli porge la guancia)
No, perdonami!
CAVARADOSSI (scherzoso)
Davanti alla Madonna?
TOSCA (accennando verso la Madonna)
È così buona!...
(si scambiano un bacio; all'uscita Tosca guarda ancora il quadro e dice maliziosamente:)
Ma dipingile gli occhi neri!
(Esce correndo, Cavaradossi si sofferma commosso e pensieroso.)

(Appena è uscita, Cavaradossi ascolta i passi che si allontanano, poi per prudenza socchiude la porta e guarda fuori. Tutto è tranquillo, allora corre alla Cappella e Angelotti si affaccia subito alla cancellata)
CAVARADOSSI
(apre la cancellata ad Angelotti e suppone che abbia forzatamente ascoltato il dialogo precedente)
È buona la mia Tosca ma è tanto religiosa che non nasconderebbe niente al suo confessore.
Per questo mi è sembrato più prudente tacere.
ANGELOTTI
Siamo soli?
CAVARADOSSI
Sì. Qual è il vostro piano?
ANGELOTTI
A seconda delle opportunità. O fuggire dallo Stato o nascondermi dentro Roma. Mia sorella...
CAVARADOSSI
L'Attavanti?
ANGELOTTI
Sì; ha nascosto dei vestiti femminili sotto l'altare: abiti, velo e ventaglio.

L'incontro tra i due innamorati è alla stretta finale. Tosca vuole avere l'ultima parola e quindi, già in uscita, raccomanda «gli occhi neri»: non parla più d'amore in senso generale, ma fa riconvergere la situazione sull'Attavanti. Buona trovata teatrale, infatti stabilisce un legame con la scena successiva dove l'Attavanti ritorna come essere concreto, sorella di Angelotti, lontana dalla dimensione minimale in cui l'ha relegata la gelosia di Tosca, ma donna coraggiosa.

227. «*imbruni*»: si farà sera (da «imbrunire»)
238. «*Scarpia*»: è il capo della polizia, qui citato per la prima volta.
239. «*satiro*»: divinità pagana dei boschi, simbolo di lussuria.
240. «*foia*»:eccitazione libidinosa
255. «*non monta*»: non serve.

    (si guarda intorno con paura)
    Appena imbruni
    indosserò quei panni...
CAVARADOSSI
                  Or comprendo!
230 Quel fare circospetto
      e il pregante fervore
      in giovin donna e bella
      m'avean messo in sospetto
      di qualche occulto amor!...
235 Or comprendo!
      Era amor di sorella!
ANGELOTTI
    Tutto ella ha osato
    onde sottrarmi a Scarpia, scellerato!
CAVARADOSSI
    Scarpia?! Bigotto satiro che affina
240 colle devote pratiche - la foia
      libertina - e strumento
      al lascivo talento (con forza crescente)
      fa il confessore e il boia!
      La vita mi costasse, vi salverò!
245 Ma indugiar fino a notte è mal sicuro...
ANGELOTTI
    Temo del sole!...
CAVARADOSSI (indicando)
              La Cappella mette
    a un orto mal chiuso, poi c'è un canneto
    che va lungi pei campi a una mia villa...
ANGELOTTI
250 M'è nota...
CAVARADOSSI
      Ecco la chiave... - innanzi sera
    io vi raggiungo, - portate con voi
    le vesti femminili...
ANGELOTTI
    (raccoglie in fascio le vestimenta sotto l'altare)
              Ch'io le indossi?
CAVARADOSSI
255 Per or non monta, il sentiero è deserto...

Atto primo

(Si guarda intorno con paura)
*Appena si farà buio,
indosserò quelle vesti...*
CAVARADOSSI
*Ora capisco!
Quel comportamento cauto,
tutto quel pregare intenso in una
donna tanto giovane e bella
mi avevano fatto immaginare che
ci fosse qualche storia d'amore nascosto.
Ora capisco!
Era amore di sorella!*
ANGELOTTI
*Lei ha rischiato tutto pur di salvarmi
da quello sciagurato di Scarpia!*
CAVARADOSSI
*Scarpia? È un satiro bigotto
che perfeziona con le pratiche religiose
le sue insane voglie* (con forza crescente)
*e usa il confessore e il boia per alimentare
la sua vocazione alla lussuria!
Anche se mi costasse la vita, vi salverò! Ma
non mi sembra opportuno aspettare la notte.*
ANGELOTTI
Ho paura della luce del sole!
CAVARADOSSI (indicando)
*La cappella conduce a un orto
che non è chiuso; più avanti c'è un canneto
che va lontano per i campi a una mia villa.*
ANGELOTTI
La conosco.
CAVARADOSSI
*Ecco le chiavi; prima di sera
io vi raggiungerò. Portatevi i vestiti
femminili.*
ANGELOTTI
(Raccoglie un fascio di abiti che sono sotto l'altare)
Debbo indossarli?
CAVARADOSSI
Per ora non è necessario, il sentiero è deserto.

Nel racconto e nel commento di Cavaradossi l'Attavanti assume uno spessore drammatico notevole, tanto da diventare, pur invisibile, protagonista.

Cavaradossi e Angelotti nominano per la prima volta il barone Scarpia, capo della Polizia, accompagnato dalla definizione «bigotto satiro», la più calzante per questo torbido individuo.

Nel rapido e concitato dialogo, Cavaradossi offre all'amico il rifugio nella sua villa suburbana.
Ma l'ottimismo dei due sulla sicurezza del rifugio è smentito dalla musica che con il riaffiorare lugubre del tema di Scarpia annienta le illusioni e suggerisce all'ascoltatore la tragica fine.

257. «*periglio*»: pericolo (arcaico)
259. «*canna*»: lo scavo verticale del pozzo, entro la terra.
262. «*il cannon*»: hanno sparato un colpo di cannone per segnalare la fuga.
266. «*all'erta*»: stare in guardia, vigilare.

Entrano in scena con il sagrestano anche i cantori e i chierici (giovani religiosi che servono la Messa).
272. «*guadagna un'indulgenza*»: guadagna un merito nella vita ultraterrena, la riduzione parziale delle pene.
273. «*la cantoria*»: il complesso dei cantori.

ANGELOTTI (per uscire)
    Addio!...
CAVARADOSSI (accorrendo verso Angelotti)
    Se urgesse il periglio, correte
    al pozzo del giardin. L'acqua è nel fondo,
    ma a mezzo della canna un picciol varco
260 guida ad un antro oscuro,
    rifugio impenetrabile e sicuro!
(un colpo di cannone; i due si guardano agitatissimi)
ANGELOTTI
    Il cannon del castello!...
CAVARADOSSI
                   Fu scoperta
    la fuga! Or Scarpia i suoi sbirri
                        [sguinzaglia!
ANGELOTTI
265 Addio!
CAVARADOSSI (con subita risoluzione)
          Anch'io verrò! Staremo all'erta
ANGELOTTI
    Odo qualcun!
CAVARADOSSI (con entusiasmo)
          Se ci assalgon, battaglia!
(escono rapidamente dalla Cappella).

    Sagrestano - Allievi e Cantori della Cappella
              Chierici- Confratelli.

SAGRESTANO
(entra correndo, tutto scalmanato, gridando)
    Sommo giubilo, Eccellenza!...
(guarda verso l'impalcato e rimane sorpreso di non trovarvi neppure questa volta il pittore)
270 Non c'è più! Ne son dolente!...
    Chi contrista un miscredente
    si guadagna un'indulgenza!
(accorrono da ogni parte chierici, confratelli, allievi e cantori della Cappella. Tutti costoro entrano tumultuosamente)

ANGELOTTI (uscendo)
Addio!
CAVARADOSSI (lo raggiunge correndo)
Se ci fosse un pericolo, correte al pozzo del giardino. Nel fondo c'è l'acqua, ma a metà troverete un passaggio che porta a una grotta oscura, è un rifugio impenetrabile e sicuro.
(si sente un colpo di cannone; i due si guardano agitatissimi)
ANGELOTTI
È il cannone di Castel Sant'Angelo!
CAVARADOSSI
Hanno scoperto la fuga!
Ora Scarpia sguinzaglierà
per Roma i suoi sbirri!
ANGELOTTI
Addio!
CAVARADOSSI (con improvvisa decisione)
Vengo anch'io con voi. Staremo in guardia!
ANGELOTTI
Sento venire qualcuno!
CAVARADOSSI (con entusiasmo)
Se ci assalgono, daremo battaglia.
(escono velocemente dalla cappella).

SAGRESTANO
(Entra correndo, tutto agitato, e grida:)
Eccellenza, esultiamo!
(guarda verso l'impalcatura e si accorge, con disappunto, che neppure questa volta vi si trova il pittore)
Non c'è più! Mi dispiace!
Chi rattrista un uomo senza fede
si guadagna un'indulgenza
(Da ogni parte della chiesa accorrono i chierici, i confratelli, allievi e i coristi della Cappella Musicale. Ingresso rumoroso)

Il cannone di Castel Sant'Angelo, prigione di Stato, spara per segnalare la fuga del prigioniero. Cavaradossi e Angelotti decidono di allontanarsi insieme verso la villa.

Rientra il Sagrestano, eccitatissimo per la sconfitta di Napoleone ad opera del generale austriaco von Mélas. Contrariato perché non trova Cavaradossi, dà inizio ai preparativi per un solenne *Te Deum* di ringraziamento. Di qui muove la grande scena di massa: a entrate successive si riuniscono chierici, cantori, sacerdoti, fedeli.

Tutta qui la cantoria!
Presto!...
(altri allievi entrano in ritardo e alla fine si radunano tutti)
ALLIEVI (colla massima confusione)
275 　　　Dove?
SAGRESTANO
　　　　　In sagrestia
(spinge alcuni chierici)
ALCUNI ALLIEVI
　　　Ma che avvenne?
SAGRESTANO
　　　　　　Nol sapete?
(affannoso)
　　　Bonaparte... scellerato...
280 　Bonaparte...
ALTRI ALLIEVI
(si avvicinano al Sagrestano e lo attorniano, mentre accorrono altri che si uniscono ai primi)
　　　　Ebben? Che fu?
SAGRESTANO
　　　Fu spennato, sfracellato,
　　　è piombato a Belzebù!
ALLIEVI, CANTORI, ECC.
　　　Chi lo dice?
285 　　　　　- È sogno!
　　　　　　　　È fola!
SAGRESTANO
　　　È veridica parola
　　　or ne giunse la notizia!
　　　E questa sera
290 　gran fiaccolata,
　　　veglia di gala a Palazzo Farnese,
　　　ed un'apposita
　　　nuova cantata
　　　con Floria Tosca!...
295 　E nelle chiese
　　　inni al Signore!
　　　Or via a vestirvi,
　　　non più clamor!

---

283. «*è piombato a Belzebù*»: è andato al diavolo. Motivo di tanta esaltazione è la notizia che Napoleone è stato sconfitto dalle truppe del generale austriaco von Mélas (in realtà si trattò solo della prima fase della battaglia di Marengo, nella seconda vinse Napoleone).
286. «*è fola*»: cosa inverosimile.
291. «*veglia di gala*»: serata di festa solenne.
291. «*Palazzo Farnese*»: imponente residenza, che a quel tempo apparteneva ai Re di Napoli, avversari di Napoleone. La Regina Maria Carolina (figlia dell'imperatrice d'Austria Maria Teresa) ha organizzato una serata per festeggiare von Mélas.

ATTO PRIMO

La cantoria si raduni qui!
Presto!
(Entrano in ritardo altri allievi. Infine tutti si radunano insieme)
ALLIEVI (facendo grande confusione)
Dove andiamo?
SAGRESTANO
In sagrestia.
(spingendo alcuni chierici in sagrestia)
ALCUNI ALLIEVI
Ma cosa è successo?
SAGRESTANO
Non lo sapete?
(concitato)
Quell'infame
di Bonaparte... Bonaparte...
ALTRI ALLIEVI
(attorniano il Sagrestano)

Allora? Che è accaduto?
SAGRESTANO
È stato spennato, fatto a pezzi
e sprofondato nell'Inferno!
ALLIEVI, CANTORI E ALTRI
Ma chi l'ha detto? È un sogno,
una fandonia!

SAGRESTANO
È la verità, è arrivata ora
la notizia!
A Palazzo Farnese
questa sera allestiscono
una serata di gala con una grande fiaccolata
e un concerto di Floria Tosca
in una nuova cantata
scritta appositamente.
E nelle chiese si alzeranno inni
di ringraziamento
al Signore. Su, ora vestitevi
e non fate confusione!

> L'entrata dei ragazzi è segnata da un contrappunto elaboratissimo tra voci bianche, basso e orchestra, tutti su toni piuttosto alti e concitati.
>
> Il Sagrestano annuncia le diverse iniziative per festeggiare: la musica ironicamente comunica l'eccitazione di questo gruppetto parrocchiale.

TOSCA

300. «*Te Deum... Gloria*»: canti di preghiera per un ringraziamento solenne.
301. «*Viva il Re*; Ferdinando IV di Borbone, il Re di Napoli alleato del Papa.

Sopraggiunge, con alcune guardie, il capo della polizia Vitellio Scarpia, un barone siciliano spietato, inviato dallo stesso Re di Napoli a Roma per esercitare un controllo di ferro sugli elementi sovversivi. Religioso in modo fanatico, si serve del suo potere per soddisfare i suoi più bassi istinti di sadico.

304. «*apprestate*»: preparate.
311. «*occhio alle porte*»: sguardo attento sulle porte.
313. «*pesa*»: valuta.

    Via... via... in sagrestia!
TUTTI
(ridendo e gridando gioiosamente, senza badare al Sagrestano che inutilmente li spinge ad urtoni verso la sagrestia)
300   Doppio soldo... Te Deum... Gloria!
       Viva il Re!... Si festeggi la vittoria!

     Scarpia - Sagrestano - Cantori, Allievi, ecc. –
             Spoletta - Birri

(Le loro grida e le loro risa sono al colmo, allorché una voce ironica tronca bruscamente quella gazzarra volgare di canti e risa. È Scarpia: dietro a lui Spoletta e alcuni sbirri)
SCARPIA (con grande autorità)
    Un tal baccano in chiesa! Bel rispetto!
SAGRESTANO (balbettando impaurito)
    Eccellenza! il gran giubilo...
SCARPIA
               Apprestate
305   per il Te Deum.
(tutti si allontanano mogi: anche il Sagrestano fa per cavarsela, ma Scarpia bruscamente lo trattiene)
               Tu resta!
SAGRESTANO (impaurito)
             Non mi muovo!
SCARPIA (a Spoletta)
    E tu va', fruga ogni angolo, raccogli
    ogni traccia!
SPOLETTA
310   Sta bene!...
(fa cenno a due sbirri di seguirlo)
SCARPIA (ad altri sbirri che eseguiscono)
             Occhio alle porte,
    senza dar sospetti!...
(al Sagrestano)
           Ora a te! Pesa
    le tue risposte! Un prigionier di Stato

Atto primo

TUTTI
Via, via, in sagrestia!
(ridendo e gridando allegramente, senza badare al Sagrestano che li spinge)

Doppia paga... Te Deum e Gloria!
Viva il Re! Festeggiamo la vittoria!

(La confusione è al massimo quando una voce ironica interrompe bruscamente quella volgare gazzarra di canti e risate. È entrato Scarpia e, dietro di lui, Spoletta e alcuni sbirri)
SCARPIA (con tono autoritario)
Cos'è questo schiamazzo in chiesa? Bel rispetto!
SAGRESTANO (impaurito balbetta)
Eccellenza, la grande gioia...
SCARPIA
Preparate il necessario
per il Te Deum.
(Tutti si allontanano avviliti; anche il Sagrestano cerca di scomparire, ma Scarpia, con gesto brusco, lo ferma). *Tu resta qui.*
SAGRESTANO (impaurito)
Non mi muovo!
SCARPIA (a Spoletta)
E tu muoviti, cerca in ogni angolo,
raccogli ogni indizio.
SPOLETTA
Va bene!
(fa cenno a due sbirri di seguirlo)
SCARPIA (agli altri sbirri, che eseguono)
Controllate le porte,
senza darlo a vedere.
(al Sagrestano)
Ora a te... Pensa bene prima di rispondere.
Un prigioniero di Stato è scappato adesso

Colpo di spugna sui «coretti» della scena precedente: possente e sovrastante si annuncia il tema di Scarpia, già creando al primo atto un epilogo. La scena che segue è dominata dal barone, che entra sulle tracce di Angelotti. Sospetta che si sia nascosto in chiesa e ne trae conferma da alcuni indizi: il ventaglio dimenticato in cappella, il paniere della colazione vuoto, l'assenza di Cavaradossi.

317. «*Misericordia*»: pietà.	
326. «*una preda*»: un bottino	
331. «*stemma*»: insegna nobiliare.	

315 fuggì pur ora da Castel Sant'Angelo...
(energico)
     s'è rifugiato qui...
SAGRESTANO
                    Misericordia!
SCARPIA
     Forse c'è ancora. Dov'è la Cappella
     degli Attavanti?
SAGRESTANO
320   Eccola!...
(va al cancello e lo vede socchiuso)
                    Aperta! Arcangeli!
     E un'altra chiave!
SCARPIA
                    Buon indizio... Entriamo.
(entrano nella Cappella, poi ritornano: Scarpia, assai contrariato, ha fra le mani un ventaglio chiuso che agita nervosamente; fra sé)
     Fu grave sbaglio
325 quel colpo di cannone. Il mariolo
     spiccato ha il volo, ma lasciò una preda...
     preziosa... un ventaglio.
(agitandolo in aria)
     Qual complice il misfatto
     preparò?
(resta alquanto pensieroso, poi guarda attentamente il ventaglio; a un tratto egli vi scorge uno stemma, e vivamente esclama:)
330   La marchesa
     Attavanti!... Il suo stemma!...
(guarda intorno, scrutando ogni angolo della chiesa: i suoi occhi si arrestano sull'impalcato, sugli arnesi del pittore, sul quadro... e il noto viso dell'Attavanti gli appare riprodotto nel volto della santa)
                    Il suo ritratto!
(al Sagrestano)
     Chi fe' quelle pitture?
SAGRESTANO (ancora più invaso dalla paura)
                    Il cavalier
335 Cavaradossi...

da Castel Sant'Angelo...
    S'è nascosto qui.
SAGRESTANO
    Misericordia!
SCARPIA
    Forse è ancora qui.
    Dov'è la cappella degli Attavanti?
SAGRESTANO
    Eccola.
    (Si avvicina al cancello e lo vede socchiuso)
    È aperta! Arcangeli!
    E c'è un'altra chiave!
SCARPIA
    Buona traccia. Entriamo.
(Entrano nella cappella, poi tornano indietro. Scarpia, che appare assai deluso, tiene tra le mani un ventaglio chiuso e lo agita nervosamente)
    È stato un errore sparare quel colpo
    di cannone. Quel delinquente è scappato,
    però ha lasciato una traccia preziosa,
    un ventaglio.
(lo agita in aria)
    Chi sarà il complice che
    ha organizzato il piano sciagurato?
(Resta pensieroso, poi guarda con cura il ventaglio; improvvisamente egli riconosce uno stemma)

    La marchesa Attavanti! Questo è
    il suo stemma...
(Si guarda intorno e fruga con lo sguardo ogni angolo della chiesa; sofferma gli occhi sull'impalcatura, sugli attrezzi da pittore, sul quadro e riconosce il viso dell'Attavanti dipinto nel volto della santa)
    Il suo ritratto!
(al Sagrestano)
    Chi ha fatto quella pittura?
SAGRESTANO (sempre più sconvolto dalla paura)
    Il cavaliere Cavaradossi...

> Le indagini di Scarpia di sviluppano con estrema economia melodica. Toni cupi, bassi, minacciosi tradiscono la vivissima tensione.
>
> L'atteggiamento pavido del Sagrestano contribuisce a persuadere Scarpia della connivenza tra Cavaradossi e Angelotti.

339. «*volterrian*»: anche Scarpia, come il sagrestano, chiama «volterriano» chi ha simpatie per Napoleone.

SCARPIA
    Lui!
(uno dei sbirri che seguì Scarpia, torna dalla Cappella portando il paniere che Cavaradossi diede ad Angelotti)
SAGRESTANO (vedendolo)
       Numi! Il paniere!
SCARPIA (seguitando le sue riflessioni)
 Lui! L'amante di Tosca! Un uom
         [sospetto!
 Un volterrian!
SAGRESTANO
(che avrà esaminato il paniere, con gran sorpresa esclama:)
340   Vuoto?... Vuoto!
SCARPIA
       Che hai detto?
(vede lo sbirro col paniere)
 Che fu?
SAGRESTANO (prendendo il paniere)
    Si ritrovò nella Cappella
 questo panier.
SCARPIA
345   Tu lo conosci?
SAGRESTANO
        Certo.
(è esitante e pauroso)
 È il cesto del pittor... ma... nondimeno...
SCARPIA
 Sputa quello che sai.
SAGRESTANO
(sempre più impaurito e quasi piangendo gli mostra il paniere vuoto)
  Io lo lasciai ripieno
350 di cibo prelibato...
 il pranzo del pittor!...
SCARPIA (attento, inquirente per scoprir terreno)
       Avrà pranzato!
SAGRESTANO
 Nella Cappella?

ATTO PRIMO

SCARPIA
> *Lui!*
> (Uno degli sbirri che aveva seguito Scarpia esce dalla Cappella e porta il paniere che Cavaradossi aveva dato ad Angelotti)

SAGRESTANO (vedendolo)
> *O Numi! Il paniere!*

SCARPIA (immerso nelle sue riflessioni)
> *Lui! È l'amante di Tosca.*
> *Un uomo sospetto, un seguace di Voltaire!*

SAGRESTANO
(che è andato a guardare dentro il paniere)
> *Vuoto! È vuoto!*

SCARPIA
> *Cosa hai detto?*
> (Vede il poliziotto col paniere)
> *Ch'è successo?*

SAGRESTANO (prendendo il paniere)
> *È stato trovato questo paniere*
> *nella cappella.*

SCARPIA
> *Tu l'hai già visto?*

SAGRESTANO
> *Certo!*
> (esita, impaurito)
> *È il paniere del pittore, ma... veramente...*

SCARPIA
> *Sputa quello che sai.*

SAGRESTANO
(quasi piangendo, mostra il paniere vuoto)
> *Io l'avevo lasciato pieno*
> *di cibo squisito...*
> *Il pranzo del pittore!...*

SCARPIA (cauto, domanda per saggiare il terreno)
> *Avrà mangiato!*

SAGRESTANO
> *In cappella?*

358. «*Libera me Domine*»: Signore difendimi. Invocazione religiosa che libera dal demonio.
363. «*sbaraglio*»: rovina, pericolo.
364. «*Jago*»: è il personggio di Shakespeare, artefice della rovina di Desdemona e Otello.
368: *svanì, sgattaiolò*: i due verbi indicano una sparizione misteriosa.

     (facendo cenno di no colla mano)
        Non ne avea la chiave
355 né contava pranzar... disse egli stesso.
        Onde l'avea già messo...
        al riparo.
     (mostra dove avea riposto il paniere e ve lo lascia; impressionato dal severo e silente contegno di Scarpia)
        (*Libera me Domine!*) (pausa)
     SCARPIA
        (Or tutto è chiaro...
360 la provvista - del sacrista
        d'Angelotti fu la preda!)
     (scorgendo Tosca che entra nervosissima)
        Tosca? Che non mi veda.
     (appena vista entrare Tosca, si è abilmente nascosto dietro la colonna ov'è la pila dell'acqua benedetta, facendo imperioso cenno di rimanere al Sagrestano; il quale, tremante, imbarazzato, si reca vicino al palco del pittore)
        (Per ridurre un geloso allo sbaraglio
        Jago ebbe un fazzoletto... ed io un
                [ventaglio!...)

        Tosca - Scarpia - Sagrestano

     TOSCA
     (Va dritta all'impalcato. ma non trovandovi Cavaradossi, sempre in grande agitazione va a cercarlo nella navata centrale della chiesa)
365 Mario?! Mario?!
     SAGRESTANO (che si trova ai piedi dell'impalcato, avvicinandosi a Tosca)
              Il pittor
        Cavaradossi? Chi sa dove sia?
        Svanì, sgattaiolò
        per sua stregoneria. (e se la svigna)
     TOSCA
370 Ingannata? No!... no!...

(fa cenno di no con la mano)
Non aveva la chiave,
e poi lui stesso mi disse che non
voleva pranzare, per questo io lo avevo
messo da parte.
(Indica il luogo in cui aveva messo il paniere e lo lascia lì, impressionato dal silenzio severo di Scarpia)

(Liberami Signore!)
SCARPIA (tra sé)
Ora tutto è chiaro... Il pranzo
preparato dal Sagrestano è servito a
sfamare Angelotti!
(vede Tosca che entra nervosissima in Chiesa)
Tosca? Non mi deve vedere.
(si rifugia dietro la colonna dove c'è la pila dell'acqua benedetta, ordinando con un cenno al sagrestano di rimanere. Lui intimorito e imbarazzato si accosta al palco del pittore)
(Per spingere un geloso alla perdizione
Jago aveva il fazzoletto e io ho il ventaglio!)

> Finalmente di fronte Tosca e Scarpia. La cantante è tornata per disdire l'appuntamento con Mario. Scarpia, ostentando un atteggiamento galante, utilizza il ventaglio per provocarne la gelosia e rintracciare il pittore. Con l'entrata di Tosca rientra l'elemento melodico.

TOSCA
(Corre verso l'impalcatura certa di trovare Cavaradossi; non vedendolo, molto agitata lo cerca nella navata centrale della Chiesa)
Mario! Mario!
SAGRESTANO
(che si trova i piedi dell'impalcatura)
Il pittore Cavaradossi? Chi lo sa
dov'è? È sparito, sgusciato fuori
grazie a qualche sua stregoneria.
(si allontana in fretta)
TOSCA
Mi ha ingannata? No, no...

375. «*galanteria*»: complimento verso le donne.
376. «*offrirvi l'acqua benedetta*»: nelle chiese cattoliche l'acqua benedetta per farsi il segno della croce è contenuta in una piccola vasca («pila») e viene offerta sulla punta delle dita.
385. «*calcate la scena*»: lavorate sul palcoscenico; c'è un riferimento alla vita libera degli artisti.
391. «*viso e costumi*»: l'aspetto e i comportamenti immorali che furono della peccatrice Maddalena.
392. «*vi*»: in chiesa
392. «*trescan*»: fanno l'amore (da «trescare»).

tradirmi egli non può! (quasi piangendo)
SCARPIA
(ha girato la colonna e si presenta a Tosca, sorpresa del suo subito apparire. Intinge le dita nella pila e le offre l'acqua benedetta; fuori suonano le campane che invitano alla chiesa; insinuante e gentile)
    Tosca divina
    la mano mia
    la vostra aspetta, piccola manina,
375 non per galanteria,
    ma per offrirvi l'acqua benedetta...
TOSCA
(tocca le dita di Scarpia e si fa il segno della croce)
    Grazie, signor!
SCARPIA
    Un nobile
    esempio è il vostro. Al cielo
380 piena di santo zelo
    attingete dell'arte il magistero
    che la fede ravviva!
TOSCA (distratta e pensosa)
    Bontà vostra...
(cominciano ad entrare in chiesa ed a recarsi verso il fondo alcuni popolani)
SCARPIA
    Le pie donne son rare...
385 Voi calcate la scena...
(con intenzione)
    e in chiesa ci venite per pregar...
TOSCA (sorpresa)
    Che intendete?...
SCARPIA
    E non fate
    come certe sfrontate
390 che han di Maddalena
(indica il ritratto)
    viso e costumi...
(con intenzione marcata) e vi trescan d'amore!
TOSCA (scatta pronta)
    Che? D'amore? Le prove!

ATTO PRIMO

non mi può tradire. (quasi piangendo)
SCARPIA
(gira la colonna e si presenta all'improvviso davanti a Tosca che resta sorpresa. Intinge le dita nella pila e le offre l'acqua benedetta: dall'esterno entra il suono delle campane che invitano i fedeli in chiesa)
Tosca, creatura divina,
la mia mano
aspetta di incontrare la vostra piccola manina
non per complimento,
ma per offrirvi l'acqua benedetta...
TOSCA
(tocca le dita di Scarpia e si fa il segno della Croce)
Grazie, signore!
SCARPIA
Voi date un nobile esempio;
piena di devozione per le cose sacre,
vi fate suggerire dall'arte
l'insegnamento che tiene viva
la fede.
TOSCA (distratta e pensierosa)
Bontà vostra.
(Sul fondo cominciano ad entrare in chiesa dei popolani)
SCARPIA
Le donne religiose sono rare...
Voi fate l'attrice
(con intenzione sottintesa)
eppure in chiesa ci venite per pregare.
TOSCA (meravigliata)
Che volete dire?
SCARPIA
Che non fate come certe donne sfacciate
(indica il ritratto)
che hanno il volto e i costumi
della Maddalena...
e in chiesa combinano intrighi d'amore!
(con marcata intenzione)
TOSCA (Di colpo, scatta)
Cosa? D'amore? Le prove!

> Si noti l'uso delle campane come intervento di elemento sonoro esterno.
>
> Il rituale romano della processione è qui seguìto scrupolosamente, sia nelle presenze indispensabili che nelle formule liturgiche di lode a Dio, cui seguono i primi due versi del *Te Deum*. Sugli scrupoli filologici di Puccini cfr. la prefazione.

399. «*a sturbar*»: a disturbare.
401. «*la corona*»: il simbolo araldico del titolo di marchesa.
406. «*s'infosca*»: si fa scuro (da «infoscare»).
408. «*regali tripudi*»: esultanza, festeggiamenti di gioia della Regina.

Entrano pastori e ciociare. I ciociari erano contadini originari della Ciociaria, regione nella campagna romana, i cui abitanti portavano caratteristiche fasce di lana e pelli ai piedi, dette «ciocie».
409. «*rosa*: consumata, morsa (da «rodere»).
415. «*irrora*»: bagna.
417. «*accora*»: addolora.

SCARPIA (mostrandole il ventaglio)
 È arnese da pittore
395 questo?
TOSCA (lo afferra)
    Un ventaglio? Dove
 stava?
(entrano alcuni contadini)
SCARPIA
   Là su quel palco. Qualcun venne
 certo a sturbar gli amanti
400 ed essa nel fuggir perdè le penne!...
TOSCA
(esaminando il ventaglio)
 La corona! Lo stemma! È l'Attavanti!
 Presago sospetto!...
SCARPIA
 (Ho sortito l'effetto!)
TOSCA
(con grande sentimento, trattenendo a stento le lagrime, dimentica del luogo e di Scarpia)
 Ed io venivo a lui tutta dogliosa
405 per dirgli: invan stassera
 il ciel s'infosca
 l'innamorata Tosca
 è prigioniera... dei regali tripudi.
(entra un gruppo di pastori e di ciociare)
SCARPIA
 (Già il veleno l'ha rosa...)
(mellifluo a Tosca)
410 O che v'offende,
  dolce signora?...
 Una ribelle
 lacrima scende
 sovra le belle
415 guancie e le irrora;
 dolce signora,
 che mai v'accora?
TOSCA
 Nulla!
(vari Nobili Signori accompagnati da alcune donne)

Atto primo

SCARPIA (Mostra il ventaglio)
È un attrezzo da pittore questo?

TOSCA (lo afferra)
Un ventaglio? Dov'era?

(Entrano alcuni contadini)
SCARPIA
*Là su quel palco. Certo qualcuno
è venuto a disturbare gli amanti e
l'amica, fuggendo, ha perso le penne!*
TOSCA
(osservando attentamente il ventaglio)
*La corona! Lo stemma! È l'Attavanti!
Ecco che il mio sospetto era un presagio!*
SCARPIA
(Ho colpito nel segno!)
TOSCA
(Intensamente. Trattiene a stento le lagrime, estranea al luogo e alla presenza di Scarpia)
*E io venivo da lui, disperata, per dirgli che
questa sera farà buio inutilmente;
l'innamorata Tosca è prigioniera...
della festa reale.*

(entra un gruppo di pastori e di ciociare)
SCARPIA
(È già intossicata dal veleno!)
(a Tosca, con tono sdolcinato)
*Cara Signora,
che cosa vi disturba?
Una lagrima ribelle
scende e bagna
le vostre belle guance.
Ditemi che cosa vi affligge,
dolce Signora.*

TOSCA
Nulla!
(Alcuni nobili signori entrano insieme a delle donne)

Nello scontro serrato tra Scarpia e Tosca, tutto è efficace, tanto la parola cantata che la virgola.

«E io venivo a lui tutta dogliosa...»: da qui comincia il recupero totale, a onde, dell'elemento melodico che ha il suo culmine in: «Egli vede che io piango!» dove l'orchestra appoggia e conclude la frase di Tosca e immediatamente innesta la scena finale: trama di Scarpia e *Te Deum*.

TOSCA

421. «*mi struggo*»: mi consumo per la pena (da «struggere»).
422. «*le mie smanie deride*»: schernisce, ride delle mie pene.
425. «*coglierli*»: prenderli.
428. «*ricetto*»: ricovero.
430. «*insozzato*»: sporcato.

SCARPIA (con marcata intenzione)
    Darei la vita
420 per asciugar quel pianto.
TOSCA (non ascoltandolo)
    Io qui mi struggo e intanto
    d'altra in braccio le mie smanie deride!
SCARPIA
    (Morde il veleno).
(entrano alcuni borghesi alla spicciolata)
TOSCA (con grande amarezza)
                  Dove son? Potessi
425 coglierli i traditori!
    (sempre più crucciosa) Oh qual sospetto!
    Ai doppi amori
    è la villa ricetto. (con immenso dolore)
    Traditor!
430 Oh mio bel nido insozzato di fango!
    (con pronta risoluzione)
    Vi piomberò inattesa!
    (rivolta al quadro, minacciosa)
    Tu non l'avrai stassera. Giuro!
SCARPIA
    (scandalizzato, quasi rimproverandola)
                            In chiesa!
TOSCA (piangente)
    Dio mi perdona... Egli vede ch'io
                          [piango!...
(piange dirottamente; Scarpia la sorregge accompagnandola all'uscita, fingendo di rassicurarla; appena escita Tosca, la chiesa poco a poco va sempre più popolandosi. La folla si raggruppa nel fondo, in attesa del Cardinale; alcuni inginocchiati pregano)
SCARPIA
    (dopo aver accompagnato Tosca, ritorna presso la colonna e fa un cenno: subito si presenta Spoletta)
435 Tre sbirri... Una carrozza...
    Presto!... seguila
    dovunque vada!... non visto!... provvedi!
SPOLETTA
    Sta bene! Il convegno?

SCARPIA (decisamente insinuante)
Darei la vita per asciugare quelle lagrime.
TOSCA (senza dargli retta)
Io sono qui a tormentarmi e intanto lui nelle braccia di un'altra ride delle mie sofferenze.
SCARPIA
(Punge il veleno!)
(Entrano dei borghesi poco alla volta)
TOSCA (con grande amarezza)
Dove sono? Potessi sorprenderli quei traditori!
(sempre più dispiaciuta) *Mi viene un sospetto! La Villa serve ad accogliere due amori.*
(con profondo dolore)
Traditore!
Oh, il mio bel nido sporcato di fango!
(con improvvisa decisione)
Vi piomberò all'improvviso!
(si rivolge al quadro, minacciosa)
Tu non lo avrai, stasera. Giuro!
SCARPIA
(indignato, quasi la rimprovera)
In chiesa!
TOSCA (mentre piange)
Dio mi perdona. Egli vede che io sto piangendo!..
(piange a calde lacrime; Scarpia finge di rasserenarla e la sostiene mentre l'accompagna all'uscita. Appena Tosca è fuori, la chiesa si riempie di folla che si riunisce in fondo, aspettando il Cardinale. Alcuni fedeli pregano in ginocchio)
SCARPIA
(accompagnata Tosca, ritorna alla colonna; fa un cenno e subito compare Spoletta)
Prendi tre guardie e una carrozza...
Presto seguila dappertutto, senza farti vedere.
Datti da fare!
SPOLETTA
Sta bene! E l'appuntamento?

Mentre divampa nel cuore di Tosca lo sdegno verso i traditori, torna il tema della fuga di Angelotti, simbolicamente trasformato.
Tosca decide di raggiungere la villa di Cavaradossi per sorprenderlo con l'Attavanti e si allontana rapidamente.

Scarpia dà ordine a Spoletta di seguirla. La musica insiste su una sola nota. Qui, come altrove, la presenza del male è realizzata con invenzioni tematiche scarsamente articolate, spesso basate sulla ripetizione che suggerisce l'idea di disumana e fredda staticità.

442. «*il falco*»: l'uccello rapace e cacciatore dalla vista acutissima simboleggia la gelosia di Tosca.

Il Cardinale (alto esponente del senato della chiesa), il Capitolo (l'insieme dei sacerdoti) e la folla dei fedeli, si avviano in processione verso l'altare.

445. «*Adjutorium...*»: sequenza di preghiere in latino, prese dai Salmi, dal libro della Genesi e dalle ordinarie formule liturgiche di lode a Dio. Lo stesso Puccini scelse i versetti in base all'effetto cupo determinato dal ripetersi delle vocali «o» e «u».

449. «*A doppia mira*»: a due obiettivi.

455. «*capestro*»: fune per impiccare i condannati.

457. «*Te Deum...*»: questa lode a Dio si canta nelle cerimonie solenni di ringraziamento. È composta da 29 versetti di cui nell'opera vengo-

SCARPIA
   Palazzo Farnese!
(Spoletta parte rapidamente con tre sbirri)
(con un sorriso sardonico)
440 Va, Tosca! Nel tuo cuor s'annida
         [Scarpia!...
 È Scarpia
 che scioglie a volo il falco
 della tua gelosia. Quanta promessa
 nel tuo pronto sospetto!
(esce il corteggio che accompagna il Cardinale all'altare maggiore: i soldati svizzeri fanno far largo alla folla, che si dispone su due ali. Scarpia s'inchina e prega al passaggio del Cardinale; il Cardinale benedice la folla che reverente s'inchina)
CAPITOLO
445 *Adjutorium nostrum in nomine Domini*
FOLLA
 Qui fecit coelum et terram
CAPITOLO
 Sit nomen Domini benedictum
FOLLA
 Et hoc nunc et usque in saeculum.
SCARPIA (con ferocia)
 A doppia mira
450 tendo il voler, né il capo del ribelle
 è la più preziosa. Ah di quegli occhi
 vittoriosi veder la fiamma
(con passione erotica)
 illanguidir con spasimo d'amor
 fra le mie braccia
(ferocemente)
455   L'uno al capestro,
 l'altra fra le mie braccia...
(resta immobile guardando nel vuoto)
(Tutta la folla è rivolta verso l'altare maggiore; alcuni s'inginocchiano)
FOLLA
 Te Deum laudamus:
 te Dominum confitemur.

Atto primo

SCARPIA
A Palazzo Farnese.
(Spoletta si allontana velocemente con tre sbirri.
Scarpia ha un sorriso beffardo)
   Vai Tosca!
   Nel tuo cuore si è annidato Scarpia.
   Ora Scarpia ha alzato in volo
   il falco della tua gelosia.
   In quel tuo improvviso sospetto
   ci sono tante promesse.
(esce il corteo che accompagna il Cardinale all'altare maggiore: i soldati svizzeri scortano la folla che si dispone ai due lati. Scarpia, al passaggio del Cardinale, si inchina. Il Cardinale benedice la folla che si inginocchia con devozione)
CAPITOLO
   Il nostro soccorso è nel nome del Signore
FOLLA
   Che creò il cielo e la terra
CAPITOLO
   Sia benedetto il nome del Signore
FOLLA
   Ora e sempre per tutti i secoli.
SCARPIA (con crudeltà)
   Il mio desiderio vuole raggiungere
   due scopi, e il più ambito non è
   la testa di quel ribelle.
   Vorrei vedere il fuoco di quegli
(con sensualità)
   occhi vittoriosi venir meno tra le
   mie braccia nello spasimo dell'amore...
(con accento spietato)
   Lui impiccato e lei tra le mie braccia...
(resta immobile con lo sguardo nel vuoto.
I fedeli sono rivolti verso l'altare maggiore; alcuni si inginocchiano)

FOLLA
   Ti lodiamo Signore:
   in Te confidiamo.

Una parte dell'orchestra, gli archi, dà voce a Scarpia, tutti gli altri strumenti alla preparazione del rito religioso annunciato dalla percussione.

La folla recita le formule di lode al Signore, un esempio di parlato declamato, mentre Scarpia, seguendo il suo pensiero, desidera di impadronirsi di Tosca e di far giustiziare Cavaradossi. Costruisce un immaginario erotico che si contrappone alla tensione maestosa del Te Deum. Ci troviamo davanti a uno di quei «contrasti calcolati» tra situazione musicale e azione sovrapposta che sostengono una concezione più drammatica della musica. Intervengono elementi acustici esterni come i cannoni e le campane che raggiungono un grande effetto nel monologo, durante il quale no cantati solo i primi due. Puccini si documentò sulla versione romana originale del «canto fermo», e curò la ricostruzione fedele della processione, compresi i costumi indossati a quei tempi dalle Guardie Svizzere e dagli altri figuranti.

SCARPIA (riavendosi come da un sogno)
Tosca, mi fai dimenticare Iddio!
(s'inginocchia e prega con entusiasmo religioso)
TUTTI
460 *Te aeternum Patrem*
omnis terra veneratur.

Atto primo

SCARPIA (scuotendosi come da un sogno)
  Tosca, mi fai dimenticare Dio!
  (si inginocchia e prega con fervore religioso)
TUTTI
  Te Padre eterno
  venera tutta la terra.

il basso ostinato delle campane si ripete 73 volte.

Nel finale, Scarpia che ha cantato a se stesso, si aggiunge al coro sovrastandolo: perfetta sintesi di truce estetismo religioso, potere ed erotismo

Giacomo Puccini (Lucca 1858-Bruxelles 1924) nello studio della sua villa di Torre del Lago, affacciata sul lago di Massaciuccoli in prossimità di Viareggio. La villa, gremita di cimeli e di ricordi del musicista, è stata trasformata in museo aperto al pubblico.

ATTO SECONDO

La scena rappresenta la camera di Scarpia a Palazzo Farnese. L'insigne monumento rinascimentale, opera di Michelangelo, oggi è sede dell'ambasciata di Francia. A quel tempo ospitava gli appartamenti dei Reali di Napoli e del capo di polizia.

3. «*segugi*»: i poliziotti indicati come cani da caccia.
7. «*Sciarrone*»: è un gendarme, una guardia agli ordini di Scarpia.
8. «*ciambellan*»: un gentiluomo addetto ai ricevimenti di corte.
10. Dalla finestra si sentono le danze («*gavotte*») suonate alla festa della regina Maria Carolina.
11. «*Diva*»: dea del palcoscenico, Tosca.
12. «*strimpellan*»: suonano (in senso spregiativo).

La camera di Scarpia al piano superiore
del Palazzo Farnese

Tavola imbandita. Un'ampia finestra verso il cortile del Palazzo. È notte.

SCARPIA
(è seduto alla tavola e vi cena. Interrompe a tratti la cena per riflettere. Guarda l'orologio: è smanioso e pensieroso)
 Tosca è un buon falco!...
 Certo a quest'ora
 i miei segugi le due prede azzannano!
 Doman sul palco
5 vedrà l'aurora
 Angelotti e il bel Mario al laccio pendere.
(suona - entra Sciarrone)
 Tosca è a palazzo?...
SCIARRONE
       Un ciambellan ne uscia
 pur ora in traccia...
SCARPIA
(accenna la finestra)
10 Apri. - Tarda è la notte...
(dal piano inferiore - ove la Regina di Napoli, Maria Carolina, dà una grande festa in onore di Mélas - si ode il suonare di un'orchestra)
 Alla cantata ancor manca la Diva,
 e strimpellan gavotte.
(a Sciarrone)
 Tu attenderai la Tosca in sull'entrata;
 le dirai ch'io l'aspetto
15 finita la cantata...
(Sciarrone fa per andarsene)
 o meglio...

La camera di Scarpia al piano superiore
di Palazzo Farnese

Tavola apparecchiata. Una finestra ampia dà sul cortile del Palazzo. È notte.

SCARPIA
(Sta cenando. Interrompe per riflettere e guardare l'orologio.
È pensieroso)
Tosca è un buon falco!..
A quest'ora i miei due cani afferrano le prede!
L'aurora, domani mattina, sul palco vedrà
penzolare dal cappio i corpi di Angelotti
e del bel Mario.

(suona, entra Sciarrone)
Tosca è arrivata a palazzo?
SCIARRONE
Un ciambellano è uscito
poco fa a cercarla.
SCARPIA
(indica la finestra)
Apri. La notte è già avanzata...
(sale un suono d'orchestra dal piano inferiore dove la Regina M. Carolina di Napoli dà una festa in onore del generale Mélas)
La Diva non è ancora arrivata alla cantata
e quelli suonano gavotte.
(a Sciarrone)
Tu aspetterai Tosca all'ingresso;
le dirai che l'attendo alla fine della cantata

(Sciarrone sta per andarsene)
Anzi, meglio

Secondo la tecnica drammaturgica di Puccini, nel secondo atto c'è la svolta fondamentale del dramma e una grande scena madre che si conclude con un colpo imprevisto. L'apertura, con tre note discendenti per tono, riconduce alla cellula tematica che costituisce la sigla del barone, dominatore assoluto della situazione.

Nei pensieri di Scarpia si agitano le figure di Tosca, Cavaradossi e Angelotti, rievocati dall'orchestra attraverso i rispettivi temi.

Entrano dall'esterno i suoni della festa regale: il tempo di danza trasmette un' atmosfera leggera ed elegante.

23. «*mellifluo*»: che sa di miele, sdolcinato.
25. «*m'appago*»: mi soddisfo (da «appagare»).
25-26. «*accordi di chitarra*»: accompagnare canzoni d'amore con la chitarra.
26. «*oroscopo di fior*»: pronostico tratto dai fiori.
27. «*far l'occhio di pesce*»: occhio languido.
27-28. «*tubar come tortora*»: mormorare dolci parole come le tortore durante il corteggiamento.
31. «*esca*»: attrazione, nuovi appetiti.
32. «*beltà*»: bellezza.
33. «*opra*»: opera.

(si alza e va a scrivere in fretta un biglietto)
le darai questo biglietto.
(Sciarrone esce)
SCARPIA
(torna alla tavola e mescendosi da bere dice:)
Ella verrà... per amor del suo Mario!
Per amor del suo Mario... al piacer mio
20 s'arrenderà. Tal dei profondi amori,
è la profonda miseria. Ha più forte
sapore la conquista violenta
che il mellifluo consenso. Io di sospiri
e di lattiginose albe lunari
25 poco m'appago. Non so trarre accordi
di chitarra, né oroscopo di fior,
(sdegnosamente)
né far l'occhio di pesce, o tubar come
tortora!
(s'alza, ma non s'allontana dalla tavola)
Bramo. - La cosa bramata
30 persseguo, me ne sazio e via la getto...
volto a nuova esca. Dio creò diverse
beltà, vini diversi... Io vo' gustar
quanto più posso dell'opra divina!
(beve)
SCIARRONE
(entrando)
Spoletta è giunto.
SCARPIA
(eccitatissimo, gridando)
35 Entri. In buon punto!
(Sciarrone esce per chiamare Spoletta, che accompagna nella sala, rimanendo poi presso la porta del fondo)

Scarpia - Spoletta - Sciarrone

SCARPIA
(si siede e tutt'occupato a cenare, interroga intanto Spoletta senza guardarlo)

ATTO SECONDO

(si alza e scrive in fretta un biglietto)
le darai questo biglietto.
(Sciarrone esce)
SCARPIA
(torna alla tavola, si versa da bere)
Lei verrà... per amore del suo Mario!
Per amore del suo Mario... si piegherà
al mio piacere. Questa è la grande
miseria dei grandi amori.
La conquista violenta ha un sapore
più forte dello sdolcinato consenso.
Non mi soddisfano i sospiri e i chiarori
lunari. Non so trarre accordi dalla chitarra
o oroscopi dai fiori
(con disprezzo)
né fare l'occhiolino o tubare come le tortore.

(si alza, senza allontanarsi dalla tavola)
Voglio. E inseguo la cosa che voglio, me ne
sazio e la getto via rivolto ad un nuovo
desiderio. Dio ha creato bellezze diverse,
come vini diversi. Mi piace gustare
quante più cose posso dell'opera divina!
(beve)
SCIARRONE
(entrando)
È arrivato Spoletta.
SCARPIA
(al colmo dell'eccitazione, grida)
Al momento giusto! Fallo entrare.
(Sciarrone esce, chiama Spoletta, lo accompagna nella stanza e rimane sulla porta in fondo).

SCARPIA
(si siede, riprende a cenare e interroga Spoletta senza guardarlo)

> Scarpia smaschera completamente le sue intenzioni attraverso un'aria che alterna opposti e violenti sentimenti a riferimenti descrittivi (gli arpeggi d'arpa su «accordi di chitarra», il clarinetto su «oroscopi di fiori», le reminiscenze canore di uccelli su «tubar come tortora»).

TOSCA

36. «*galantuomo*»: brav'uomo (usato ironicamente).
39. «*erma*»: solitaria.
40. «*fratte*»: arbusti di sterpi.
43. «*cagnotti*»: ritorna il paragone con i cani per dire poliziotti.
46. «*fiuto, razzolo, frugo*»: comportamenti di animali che rovistano.
50. «*ceffo di basilisco*»: muso di rettile, malvagio.
55. «*Ei*»: egli.

    O galantuomo, come andò la caccia?...
SPOLETTA
(avanzandosi un poco ed impaurito)
    (Sant'Ignazio m'aiuta!)
    Della signora seguimmo la traccia.
    Giunti a un'erma villetta
40 tra le fratte perduta...
    ella v'entrò. N'escì sola ben presto.
    Allor scavalco lesto
    il muro del giardin coi miei cagnotti
    e piombo in casa...
SCARPIA
45   Quel bravo Spoletta!
SPOLETTA
(esitando)
    Fiuto!... razzolo!... frugo!...
SCARPIA
(si avvede dell'indecisione di Spoletta e si leva ritto, pallido d'ira, le ciglia corrugate)
    Ah! l'Angelotti?...
SPOLETTA
    Non s'è trovato!
SCARPIA
(furente)
              Ah cane! Ah traditore!
50 Ceffo di basilisco,
(gridando)
    alle forche!...
SPOLETTA
(tremante, cerca di scongiurare la collera di Scarpia)
    Gesù!
(timidamente)
    C'era il pittor...
SCARPIA
(interrompendolo)
    Cavaradossi?
SPOLETTA
(accenna di sì, ed aggiunge pronto)
55   Ei sa
    dove l'altro s'asconde... Ogni suo gesto,

Atto secondo

Allora, galantuomo, come è andata la caccia?
SPOLETTA
(avanza, piuttosto impaurito)
(Sant'Ignazio, aiutami!)
Abbiamo seguito la traccia della Signora.
Quando è arrivata a una villetta solitaria
sperduta tra i campi
vi è entrata. Ma quasi subito è uscita, sola.
Allora alla svelta scavalco
il muro del giardino con i miei cani
e irrompo in casa...
SCARPIA
E bravo Spoletta!
SPOLETTA
(con esitazione)
Mi guardo intorno! razzolo! rovisto!
SCARPIA
(avverte l'indecisione di Spoletta, si alza, pallido d'ira e con le ciglia aggrottate)
Ah! E l'Angelotti?...
SPOLETTA
Non l'abbiamo trovato!
SCARPIA
(furioso)
Ah cane! Ah traditore!
Muso di basilisco,
(gridando)
Alla forca!
SPOLETTA
(trema, cerca di evitare la collera di Scarpia)
Gesù!
(timidamente)
C'era il pittore...
SCARPIA
(lo interrompe)
Cavaradossi?
SPOLETTA
(annuisce e aggiunge pronto)
Lui sa dove si nasconde quell'altro...
Ogni suo gesto, ogni parola, tradiva

Spoletta ritorna; non ha trovato Angelotti, ma ha arrestato Cavaradossi. La sua entrata è accompagnata da un «crescendo e stringendo» dell'orchestra, che simula l'affanno dello sbirro e la fretta di Scarpia che lo incalza con le domande. Spoletta ha paura di rivelare l'insuccesso e nel colloquio che segue ritarda i vari momenti del racconto. È un buon esempio di come le figure minori non sono comparse, ma contribuiscono a mettere in risalto gli aspetti fondamentali dei protagonisti e della vicenda.

56. «*s'asconde*»: si nasconde.
57. «*tradìa*»: tradiva.
63. «*cèli*»: cieli.
64. «*soli empirei*»: astri celesti.
65. «*profetati*»: rivelati.
66. «*re dei re*»: Dio.
78. «*a me*»: fate venire da me.

ogni accento, tradìa
tal beffarda ironia,
ch'io lo trassi in arresto...
SCARPIA
(con sospiro di soddisfazione)
60   Meno male!
SPOLETTA
(accenna all'anticamera)
      Egli è là.
(Scarpia passeggia meditando: a un tratto si arresta: dall'aperta finestra odesi la Cantata eseguita dai Cori nella sala della Regina.)
TOSCA E CORO INTERNO
  Sale, ascende l'uman cantico,
  Varca spazi, varca cèli,
  Per ignoti soli empirei,
65   Profetati dai Vangeli,
  A te giunge o re dei re,
  Questo canto voli a te.
  A te quest'inno voli
  Sommo Iddio della vittoria.
70   Dio che fosti innanzi ai secoli
  Alle cantiche degli angeli
  Quest'inno di gloria
  Or voli a te!
  Sale, ascende l'uman cantico,
75   Varca spazi, varca cèli,
  A te giunge o re dei re.
SCARPIA
(dunque Tosca è tornata - è là - sotto di lui... gli balena un'idea e subito dice a Spoletta:)
    Introducete il Cavalier.
(Spoletta esce; a Sciarrone)
    A me
  Roberti e il Giudice del Fisco.
(Sciarrone esce; Scarpia siede di nuovo a tavola.)

Spoletta e tre sbirri introducono Mario Cavaradossi. Poi Roberti, esecutore di giustizia, il Giudice del Fisco con uno Scrivano e Sciarrone.

ATTO SECONDO

*tanta ironia beffarda
che io l'ho arrestato...*

SCARPIA
(respira soddisfatto)
Meno male!
SPOLETTA
(indica l'anticamera)
È là.
(Scarpia passeggia riflettendo; ad un tratto si ferma: dalla finestra si sente la cantata eseguita dai cori nel salone della Regina)
TOSCA E CORO INTERNO
*Sale in alto il cantico umano,
Attraversa gli spazi, attraversa i cieli,
Per astri celesti sconosciuti
Di cui parlarono i Vangeli,
Giunge a te o Re dei re,
Questo canto vola a te.
A te voli quest'inno
Sommo Dio della vittoria.
Dio che prima dei secoli
Eri presente alle cantiche degli angeli
Ora ti giunga
Quest'inno di gloria!
Sale in alto il canto umano,
Giunge a te o Re dei re.*

SCARPIA
(sente Tosca, gli viene un'idea e subito dice a Spoletta)
Fate entrare il Cavaliere
(Spoletta esce) (a Sciarrone)
*Fate venire da me
Roberti e il Giudice del Fisco.*
(Sciarrone esce; Scarpia siede di nuovo a tavola)

(Spoletta e tre guardie fanno entrare Mario Cavaradossi. Poi Roberti, esecutore di giustizia, il Giudice del Fisco con uno Scrivano e Sciarrone)

62. Sull'*andante sostenuto* del coro esterno, emerge la voce solista di Tosca, qui presentata in veste di artista, impegnata in una «cantata» che doveva essere di Paisiello. In realtà si tratta di un'abile ricostruzione di gusto settecentesco operata da Puccini per definire il contesto storico della situazione.
La voce di Tosca ha uno straordinario valore drammaturgico perché la «mette in scena» nelle stanze di Scarpia, anche se fisicamente è altrove.

87. «*prigione*»: prigioniero.
92. «*si pretende*»: si presuppone
97. «*podere suburbano*»: proprietà fuori città, casa in campagna.
	CAVARADOSSI
	(altero, avanzandosi con impeto)
	80 Tal violenza!...
	SCARPIA (con studiata cortesia)
	                  Cavalier, vi piaccia
	accomodarvi...
	CAVARADOSSI
	                  Vo' saper...
	SCARPIA
	(accennando una sedia al lato opposto della tavola)
	                      Sedete.
	CAVARADOSSI (rifiutando)
	85 Aspetto.
	SCARPIA
	                  E sia!
	(guarda fisso Cavaradossi, prima di interrogarlo)
	            V'è noto che un prigione...
	(odesi la voce di Tosca che prende parte alla Cantata)
	CAVARADOSSI (commosso)
	      La sua voce!...
	SCARPIA (che si era interrotto all'udire la voce di Tosca, riprende)
	          ...v'è noto che un prigione
	90 oggi è fuggito da Castel Sant'Angelo?
	CAVARADOSSI
	   Ignoro.
	SCARPIA
	              Eppur si pretende
	che voi l'abbiate accolto in Sant'Andrea,
	                              [provvisto
	di cibo e di vesti...
	CAVARADOSSI (risoluto)
	95 Menzogna!
	SCARPIA
	(continuando a mantenersi calmo)
	                          ...e guidato
	ad un vostro podere suburbano...
	CAVARADOSSI
	   Nego. - Le prove?

Atto secondo

CAVARADOSSI
(sostenuto, venendo avanti con impeto)
Che violenza!
SCARPIA (con gentilezza calcolata)
Cavaliere, vi prego di accomodarvi...

CAVARADOSSI
Voglio sapere...
SCARPIA
(indicando una sedia dall'altra parte della tavola)
Sedete...
CAVARADOSSI (rifiutando)
Aspetto.
SCARPIA
E sia pure!
(guarda fisso Cavaradossi, prima di interrogarlo)
Sapete che un prigioniero...
(si sente la voce di Tosca che esegue la Cantata)

CAVARADOSSI (con emozione)
La sua voce! ...
SCARPIA (che si era interrotto sentendo la voce di Tosca, riprende)
Sapete che un prigioniero
oggi è fuggito da Castel Sant'Angelo?
CAVARADOSSI
Non lo so.
SCARPIA
Eppure si dice che voi
l'abbiate accolto nella chiesa di Sant'Andrea
e rifornito di cibo e di vestiti...

CAVARADOSSI (deciso)
È falso!
SCARPIA
(conservandosi calmo)
... e accompagnato
in un vostro podere fuori città...
CAVARADOSSI
Lo nego. Le prove?

L'arrivo di Cavaradossi dà il via a un interrogatorio, iniziato con «stile di conversazione», in cui la tecnica musicale usa un ritmo serrato, flauti nel registro basso, contrabbassi e *pizzicato*, adatti a suggerire i più sinistri presentimenti. Più avanti si sviluppa al completo, come costante minaccia, il tema di Scarpia.

Sul «tema della tortura» si insinua attraverso la finestra aperta l'eco della cantata. Tosca si esibisce in un *do acuto*. Un malessere, un disagio psicologico, nascono dall'incrocio delle due opposte atmosfere musicali.

SCARPIA (mellifluo)
      Un suddito fedele...
CAVARADOSSI
100 Al fatto. Chi m'accusa?
(ironico)
 I vostri sbirri invan frugar la villa.
SCARPIA
         Segno
 che è ben celato.
CAVARADOSSI
      Sospetti di spia!
SPOLETTA
(offeso, interviene)
105 Alle nostre ricerche egli rideva...
CAVARADOSSI
 E rido ancor!
SCARPIA (terribile, alzandosi)
 Questo è luogo di lagrime!
(minaccioso)
 Badate!
(nervosissimo)
  Or basta! Rispondete!
(irritato e disturbato dalle voci della Cantata va a chiudere la finestra: poi si rivolge imperioso a Cavaradossi:)
110 Dov'è Angelotti?
CAVARADOSSI
      Non lo so.
SCARPIA
         Negate
 d'avergli dato cibo?
CAVARADOSSI
       Nego!
SCARPIA
115   E vesti?
CAVARADOSSI
 Nego!
SCARPIA
    E asilo nella villa?
 E che là sia nascosto?

---

107. «*luogo di lagrime*»: dove si soffre.

Atto secondo

SCARPIA (insinuante)
   Un suddito fedele....
CAVARADOSSI
   Arriviamo ai fatti. Chi mi accusa?
   (ironico) *I vostri sbirri hanno frugato inutilmente la villa.*
SCARPIA
   Segno che è ben nascosto.

CAVARADOSSI
   Sospetti di spia!
SPOLETTA
   (offeso, interviene)
   Lui rideva mentre cercavamo...
CAVARADOSSI
   E rido ancora!
SCARPIA (minaccioso, si alza)
   Questo è un luogo dove si piange!

Badate!
(sempre più nervoso)
Ora basta! Rispondete!
(disturbato e innervosito dalle voci della cantata, chiude al finestra: poi si volta a Cavaradossi con un ordine)
   Dov'è Angelotti?
CAVARADOSSI
   Non lo so.
SCARPIA
   Negate di avergli dato del cibo?

CAVARADOSSI
   Lo nego!
SCARPIA
   E i vestiti?
CAVARADOSSI
   Lo nego!
SCARPIA
   E un rifugio nella villa?
   E che è nascosto lì?

Il turbamento causato dalla voce della donna contesa ha raggiunto anche Scarpia, che si innervosisce e chiude la finestra (il gesto è sottolineato dalla scala discendente). Sottile intuizione di Puccini, perché, esclusa Tosca, lo scontro diventa frontale. Sui due «nego» avvertiamo con più decisione la sigla musicale di Scarpia.

Tosca

129. «*tratti di corda*»: Spoletta vuol passare alla tortura con una corda uncinata.
137. «*le forme ordinarie*»: l'interrogatorio senza tortura.

    CAVARADOSSI (con forza)
                      Nego! nego!
    SCARPIA
    (quasi paternamente, ritornando calmo)
120   Via, Cavaliere, riflettete: saggia
    non è cotesta ostinatezza vostra.
    Angoscia grande, pronta confessione
    eviterà! Io vi consiglio, dite:
    dov'è dunque Angelotti?
    CAVARADOSSI
125   Non lo so!
    SCARPIA
                        Ancor,
    l'ultima volta: dov'è?
    CAVARADOSSI
                    Non so.
    SPOLETTA
    (O bei tratti di corda!)
    Tosca, entra affannosa.
    SCARPIA (vedendo Tosca)
130   (Eccola!)
    TOSCA (vede Cavaradossi e corre ad abbracciarlo)
                          Mario?!
    tu qui?
    CAVARADOSSI (sommessamente a Tosca)
    (Di quanto là vedesti, taci,
    o m'uccidi!)
    (Tosca accenna che ha capito)
    SCARPIA (con solennità)
135   Mario Cavaradossi,
    qual testimone il Giudice v'aspetta.
    (a Roberti)
    Pria le forma ordinarie... Indi... ai miei
                              [cenni...
    (fa cenno a Sciarrone di aprire l'uscio che dà alla camera della tortura. Il Giudice vi entra e gli altri lo seguono, rimanendo Tosca e Scarpia. Spoletta si ritira presso alla porta in fondo alla sala. Sciarrone chiude l'uscio. Tosca fa un atto di grande sorpresa. Scarpia, studiatamente gentile, la rassicura)

Atto secondo

CAVARADOSSI (con forza)
Lo nego! Lo nego!
SCARPIA
(quasi paternamente, tornando calmo)
*Su, Cavaliere, riflettete: questa
vostra ostinazione non è saggia.
Una confessione immediata vi risparmierà
una grande sofferenza! Io vi consiglio
di parlare: dov'è dunque Angelotti?*
CAVARADOSSI
Non lo so.
SCARPIA
Per l'ultima volta: dov'è?
CAVARADOSSI
Non lo so!
SPOLETTA
(O se usassimo gli strappi di corda!)
(Tosca entra affannata)
SCARPIA (vedendo Tosca)
(Eccola!)
TOSCA (vede Cavaradossi e corre ad abbracciarlo)
Mario?! Tu qui?
CAVARADOSSI (a bassa voce, a Tosca)
*(Di quello che hai visto là, taci
o mi uccidi!)*
(Tosca fa segno che ha capito)

SCARPIA (solenne)
*Mario Cavaradossi,
il Giudice vi aspetta come testimone.*
(a Roberti)
*Prima usate le forme ordinarie... Poi... ai miei
[cenni...*
(Indica a Sciarrone di aprire la camera della tortura.
Il Giudice vi entra, gli altri lo seguono meno Tosca e
Scarpia. Spoletta si ritira presso la porta, in fondo.
Sciarrone chiude l'uscio. Tosca fa un gesto di meraviglia: Scarpia, volutamente gentile, la rassicura.)

Un tremulo dell'orchestra segna il ritorno del capo della polizia alle maniere suadenti, altrettanto inutili. Cavaradossi non rivela dov'è nascosto Angelotti. Ma Scarpia gioca un'altra carta: farà parlare Tosca.

Entra Tosca. L'incontro tra i due amanti avviene sotto la regia di Scarpia che agisce con gelida astuzia. Il tema ostinato irrompe con forza; durante la tortura verrà riproposto a frammenti.

140. «*sgomento*»: paura, spavento.
149. «*davver*»: davvero.
156. «*inutil*»: qui come altrove manca la vocale finale (inutile) per esigenze poetiche.

SCARPIA (con galanteria)
    Ed or fra noi parliam da buoni amici. Via quell'aria sgomentata...
(accenna a Tosca di sedere)
TOSCA (siede con calma studiata)
140   Sgomento alcun non ho...
SCARPIA
    La storia del ventaglio?...
(passa dietro al canapè sul quale si è seduta Tosca e vi si appoggia, parlando sempre con galanteria)
TOSCA (con simulata indifferenza)
                    Fu sciocca gelosia...
SCARPIA
    L'Attavanti non era dunque alla villa?
TOSCA
                            No:
egli era solo.
SCARPIA
145   Solo? (indagando con malizia)
            Ne siete ben sicura?
TOSCA
    Nulla sfugge ai gelosi. Solo! solo!
(con insistenza stizzosa)
SCARPIA
(prende una sedia, la porta di fronte a Tosca, vi si siede e guarda fissamente Tosca)
                       Davver?!
TOSCA (irritata)
150   Solo! sì!
SCARPIA
        Quanto fuoco! Par che abbiate paura di tradirvi.
(rivolgendosi verso l'uscio della camera della tortura chiamando)
           Sciarrone: che dice il Cavalier?
SCIARRONE (apparendo sul limitare dell'uscio)
    Nega.
SCARPIA (a voce più alta verso l'uscio aperto)
155   Insistiamo.

ATTO SECONDO

SCARPIA (con galanteria)
E ora parliamo fra noi come buoni amici. Via quell'aria spaventata...
(invita Tosca a sedersi)
TOSCA (si siede con una calma studiata)
Non sono spaventata...
SCARPIA
Quella storia del ventaglio?...
(passa dietro al divano su cui è seduta Tosca e vi si appoggia, sempre parlando in modo galante)
TOSCA (con falsa indifferenza)
Fu una gelosia sciocca...
SCARPIA
Quindi l'Attavanti non c'era nella villa?
TOSCA
No: lui era solo.

> Scarpia parte all'attacco di Tosca con modi morbidi ed eleganti. La musica è rassicurante, quasi una «barcarola». Lei conserva ancora il controllo della paura e assume un contegno indifferente.
>
> Continue variazioni armoniche segnano il colloquio ambiguo in cui i due contendenti si studiano.

SCARPIA
Solo? (interroga con malizia)
Ma siete proprio sicura?

TOSCA
Ai gelosi non sfugge niente. Era solo! solo!
(insiste con stizza)
SCARPIA
(prende una sedia, la porta di fronte a Tosca, si siede e la guarda fissamente)
Davvero?!
TOSCA (irritata)
Solo! sì!
SCARPIA
Che fuoco! Sembra che abbiate paura di tradirvi.
(si volta verso la camera della tortura)

Sciarrone: che dice il cavaliere?
SCIARRONE (appare sulla porta)
Nega.
SCARPIA (a voce alta verso la porta aperta)
Insistiamo.

159. «*il vero*»: la verità.
163. «*è forza*»: è necessario.
166. «*piè*»: piedi.
168. «*niego*»: diniego.
«*mercé*»: pietà.
169. «*sogghigno*»: sorriso maligno
173. «*cessate*»: interrompete.

(Sciarrone rientra nella camera della tortura, chiudendone l'uscio)
TOSCA (ridendo)
    Oh, è inutil.
SCARPIA (serissimo, si alza e passeggia)
    Lo vedremo, signora
TOSCA (lentamente, con sorriso ironico)
  Dunque per compiacervi, si dovrebbe
           [mentir?
SCARPIA
  No; ma il vero potrebbe abbreviargli un'ora
160 assai penosa...
TOSCA (sorpresa)
    Un'ora penosa? Che vuol dir?
  Che avviene in quella stanza?
SCARPIA
      È forza che s'adempia
  la legge.
TOSCA
165   Oh! Dio!... che avvien?!!
SCARPIA
(con espressione di ferocia e con forza crescente)
       Legato mani e piè
  il vostro amante ha un cerchio uncinato
           [alle tempia,
  che ad ogni niego ne sprizza sangue senza
            [mercè.
TOSCA (balza in piedi)
  Non è ver, non è ver! Sogghigno di
           [demone...
(ascolta con grande ansietà, le mani nervosamente avvinghiate alla spalliera del canapè)
LA VOCE DI CAVARADOSSI
170 Ahimè! (gemito prolungato)
TOSCA
  Un gemito? Pietà, pietà!
SCARPIA
  Sta in voi salvarlo.
TOSCA
      Ebben... ma cessate!

ATTO SECONDO

(Sciarrone rientra nella camera della tortura e chiude la porta)
TOSCA (ridendo)
Oh, è inutile.
SCARPIA (molto serio, si alza e passeggia)
Lo vedremo, signora.
TOSCA (lentamente, sorride con ironia)
Quindi per farvi piacere bisogna mentire?

SCARPIA
*No; ma la verità gli potrebbe
evitare un'ora molto dolorosa...*
TOSCA (sorpresa)
*Un'ora dolorosa? Che vuol dire?
Che succede in quella stanza?*
SCARPIA
È necessario mettere in atto la legge.

TOSCA
Oh Dio! ... cosa avviene?!!
SCARPIA
(con ferocia crescente)
*Il vostro amante, legato mani e piedi
ha un cerchio con uncini sulle tempie
che a ogni suo diniego fa uscire sangue
senza pietà.*

TOSCA (scatta in piedi)
*Non è vero, non è vero! Sogghigno di
[demonio...*
(ascolta angosciata, e stringe nervosamente la spalliera del divano)
LA VOCE DI CAVARADOSSI
Ahimé! (con un lungo lamento)
TOSCA
Un lamento? Pietà, pietà!
SCARPIA
Voi potete salvarlo.
TOSCA
Va bene... ma smettete!

> Tosca comincia a perdere il controllo dei nervi. Sullo sviluppo progressivamente sempre più angoscioso del tema della tortura, che suggerisce l'immagine di un cerchio uncinato, si alza il suo grido, un *do* acuto e marcato. Lo scarto dal *re minore* al *do minore* segna l'avvenuto mutamento psicologico.
> Scarpia specula sul suo immaginario, obbligandola ad ascoltare la descrizione della tortura.

TOSCA

185. «*sprezzo*»: disprezzo.

SCARPIA (va presso all'uscio)
         Sciarrone,
175 sciogliete.
SCIARRONE (si presenta sul limitare)
     Tutto?
SCARPIA
      Tutto.
(Sciarrone entra di nuovo nella camera della tortura, chiudendo; a Tosca)
        Ed or la verità
TOSCA
 Ch'io lo veda!...
SCARPIA
180   No!
TOSCA (riesce ad avvicinarsi all'uscio)
      Mario!
LA VOCE DI CAVARADOSSI (dolorosamente)
        Tosca!
TOSCA
       Ti fanno male
ancor?
LA VOCE DI CAVARADOSSI
185   No - Coraggio - Taci! - Sprezzo il
         [dolor!
SCARPIA
(avvicinandosi a Tosca)
 Orsù, Tosca, parlate.
TOSCA
(rinfrancata dalle parole di Cavaradossi)
      Non so nulla!
SCARPIA
       Non vale
quella prova? Roberti, ripigliamo...
(fa per avvicinarsi all'uscio)
TOSCA
(si frappone fra l'uscio e Scarpia, per impedire che dia l'ordine)
190   No! Fermate!
SCARPIA
 Voi parlerete?

72

ATTO SECONDO

SCARPIA (va verso la porta)
Sciarrone, sciogliete.
SCIARRONE (si presenta sulla porta)
Tutto?
SCARPIA
Tutto.
(Sciarrone rientra nella camera della tortura e chiude. Scarpia a Tosca)
E ora la verità...
TOSCA
Voglio vederlo! ...
SCARPIA
No!
TOSCA (riesce ad avvicinarsi alla porta)
Mario!
LA VOCE DI CAVARADOSSI (con dolore)
Tosca!
TOSCA
Ti fanno ancora male?

LA VOCE DI CAVARADOSSI
No. Coraggio. Taci! Disprezzo il dolore!

SCARPIA
(avvicinandosi a Tosca)
Su, Tosca, parlate.
TOSCA
(incoraggiata dalle parole di Cavaradossi)
Non so nulla!
SCARPIA
Non basta quella prova?
Roberti, ricominciamo...

TOSCA
(si mette in mezzo tra la porta e Scarpia per impedire l'ordine)
No! Fermateli!
SCARPIA
Parlerete?

Lo spartito indica «lento e grave»: in Scarpia l'impulso amoroso, esaltato dalla ferocia, si traduce in un'immagine di morte. Poi il tempo accelera e la concitazione della lotta tra i due è sottolineata da scarti vocali e accenti prossimi al grido, con interessanti variazioni armoniche.

TOSCA
> No... mostro!
> Io strazi... l'uccidi!

SCARPIA
> Lo strazia quel vostro
> silenzio assai più. (ride)

TOSCA
> Tu ridi...
> all'orrida pena?

SCARPIA (con entusiasmo)
> Mai Tosca alla scena
> più tragica fu!

(Tosca, inorridita, si allontana da Scarpia che, preso da subitaneo senso di ferocia, si rivolge a Spoletta)

SCARPIA (gridando)
> Aprite le porte
> che n'oda i lamenti!

(Spoletta apre l'uscio e sta ritto sulla soglia)

LA VOCE DI CAVARADOSSI
> Vi sfido!

SCARPIA (gridando a Roberti)
> Più forte! più forte!

LA VOCE DI CAVARADOSSI
> Vi sfido!

SCARPIA (a Tosca)
> Parlate.

TOSCA
> Che dire?

SCARPIA
> Su, via!

TOSCA
> Ah! non so nulla!

(disperata)
> dovrei mentir?

SCARPIA (insistendo)
> Dite dov'è Angelotti? parlate
> su, via, dove celato sta?

TOSCA
> No! - Ah! Più non posso! - Che orror!
> Cessate il martir! E troppo il soffrir!

Atto secondo

TOSCA
No... mostro!
lo strazi ... lo uccidi!
SCARPIA
Lo strazia molto di più
il vostro silenzio. (ride)
TOSCA
Tu ridi...
davanti a una orribile sofferenza?
SCARPIA (con entusiasmo)
Tosca non è mai stata
così drammatica sulla scena! (Tosca si allontana con orrore da Scarpia che, con uno scatto improvviso di crudeltà, si rivolge a Spoletta)
SCARPIA (gridando)
Aprite le porte
perché possa sentire i lamenti!
(Spoletta apre la porta e si ferma ritto sulla soglia)
LA VOCE DI CAVARADOSSI
Vi sfido!
SCARPIA (grida a Roberti)
Più forte! Più forte!
LA VOCE DI CAVARADOSSI
Vi sfido!
SCARPIA (a Tosca)
Parlate...
TOSCA
Che devo dire?
SCARPIA
Su, avanti!
TOSCA
Non so nulla!
(disperata)
Dovrei mentire?
SCARPIA (insiste)
Dite dov'è Angelotti? parlate
su, avanti, dov'è nascosto?
TOSCA
No! Non resisto più! Che orrore! Interrompete
la tortura! Troppa sofferenza/

> La tensione è al massimo. Sentiamo che il cedimento di Tosca è vicino: dopo un dibattersi in salti di ottava verso l'alto, in basso dal *do* al *si bemolle acuti*, rivelerà il nascondiglio di Angelotti. Si sovrappongono momenti psicologici diversi anticipati da cellule tematiche che ritroveremo nell'aria «Vissi d'arte».

226-228. «*Judex*»: il libretto non riporta la preghiera borbottata da Spoletta, che è una sequenza del *Dies Irae*.

(si rivolge ancora supplichevole a Scarpia, il quale fa cenno a Spoletta di lasciare avvicinare Tosca: questa va presso all'uscio aperto ed esterrefatta alla vista dell'orribile scena, si rivolge a Cavaradossi col massimo dolore:)

    Mario, consenti
215 ch'io parli?
LA VOCE DI CAVARADOSSI (spezzata)
    No!
TOSCA (con insistenza)
    Ascolta,
non posso più...
LA VOCE DI CAVARADOSSI
    Stolta,
220 che sai?... che puoi dir?...
SCARPIA (irritatissimo per le parole di Cavaradossi e temendo che da queste Tosca sia ancora incoraggiata a tacere, grida terribile a Spoletta:)
    Ma fatelo tacere!
(Spoletta entra nella camera della tortura e n'esce poco dopo, mentre Tosca, vinta dalla terribile commozione, cade prostrata sul canapè e con voce singhiozzante si rivolge a Scarpia che sta impassibile e silenzioso.)
TOSCA
    Che v'ho fatto in vita mia?! Son io che così torturate!... Torturate l'anima...
(scoppia in singhiozzi strazianti, mormorando:)
225   Sì, l'anima mi torturate!
SPOLETTA
(brontolando in attitudine di preghiera)
    Judex ergo, cum sedebit,
    Quidquid latet apparebit,
    Nil inultum remanebit.
(Scarpia, profittando dell'accasciamento di Tosca, va presso la camera della tortura e fa cenno di ricominciare il supplizio - un grido orribile si fa udire - Tosca si alza di scatto e subito con voce soffocata dice rapidamente a Scarpia:)

ATTO SECONDO

(si rivolge supplichevole a Scarpia e questi fa cenno a Spoletta di lasciarla avvicinare: Tosca attraverso la porta aperta vede una scena orribile; sconvolta, domanda a Cavaradossi con profondo dolore:)

La preghiera di Spoletta è il prolungamento della stessa nota di Tosca.

Mario, mi permetti di parlare?

LA VOCE DI CAVARADOSSI (spezzata)
No!
TOSCA (con insistenza)
Ascolta, non resisto più ...

LA VOCE DI CAVARADOSSI
Sciocca,
che sai? ... che cosa puoi dire? ...
SCARPIA (irritatissimo, temendo che Tosca si lasci incoraggiare dalle parole di Cavaradossi, con voce terribile grida a Spoletta:)
Ma fatelo tacere!
(Spoletta entra nella camera della tortura e poi esce di nuovo. Tosca, vinta dalla commozione, si lascia cadere sul divano e singhiozzando si rivolge a Scarpia che sta impassibile e silenzioso)

TOSCA
Che cosa vi ho fatto nella mia vita?! Voi
state torturando me! .. Torturate
l'anima ...
(scoppia in singhiozzi strazianti, mormorando)
Sì, mi torturate l'anima!
SPOLETTA
(recitando come una preghiera)
«Quando il giudice si siederà
apparirà tutto quello che è nascosto
e niente rimarrà senza giudizio».
(Scarpia, approfittando dell'abbattimento di Tosca, va presso la camera della tortura e fa cenno di ricominciare la tortura. Si sente un grido orribile. Tosca si alza di scatto e con voce soffocata dice velocemente a Scarpia:)

TOSCA
  Nel pozzo... nel giardino...
SCARPIA.
230 Là è l'Angelotti?
TOSCA (soffocato)
                          Sì!
SCARPIA (forte, verso la camera della tortura)
  Basta! Roberti.
SCIARRONE (che ha aperto l'uscio)
                      È svenuto!...
TOSCA (a Scarpia)
                            Assassino!
235 Voglio vederlo!...
SCARPIA (a Sciarrone)
                          Portatelo qui!...
(Sciarrone rientra e subito appare Cavaradossi svenuto, portato dai birri che lo depongono sul canapè. Tosca corre a lui, ma l'orrore della vista dell'amante insanguinato è così forte, ch'essa sgomentata si copre il volto per non vederlo - poi, vergognosa di questa sua debolezza, si inginocchia presso di lui, baciandolo e piangendo. - Sciarrone, il Giudice, Roberti, lo Scrivano escono dal fondo, mentre, ad un cenno di Scarpia, Spoletta ed i birri si fermano)
CAVARADOSSI (riavendosi)
  Floria!...
TOSCA (coprendolo di baci)
                  Amore...
CAVARADOSSI
                          Sei tu?
TOSCA (caldamente)
240   Quanto hai penato anima mia!...
  Ma il giusto Iddio
  lo punirà!
CAVARADOSSI
  Tosca, hai parlato?
TOSCA
  No, amor...
CAVARADOSSI
245   Davvero?

Atto secondo

TOSCA
Nel pozzo ... nel giardino ...
SCARPIA
È là Angelotti? ...
TOSCA (con voce soffocata)
Sì! ...
SCARPIA (a voce alta verso la camera della tortura)
Basta! Roberti.
SCIARRONE (apre la porta)
È svenuto! ...
TOSCA (a Scarpia)
Assassino! Voglio vederlo! ...
SCARPIA (a Sciarrone)
Portatelo qui! ...
(Sciarrone rientra. Subito appare Cavaradossi, svenuto, trasportato da due guardie che lo depongono sul divano. Tosca corre da lui, ma l'orrore della vista dell'amante sanguinante è tanto forte che, sconvolta, si copre il viso per non vederlo. Poi si vergogna di questa sua debolezza, si inginocchia vicino a lui e lo bacia piangendo. Sciarrone, il Giudice, Roberti e lo Scrivano escono dal fondo, mentre, ad un cenno di Scarpia, Spoletta e le guardie si fermano)
CAVARADOSSI (si riprende)
Floria! ...
TOSCA (lo copre di baci)
Amore ...
CAVARADOSSI
Sei tu?
TOSCA (commossa)
Quanto hai sofferto anima mia! .. Ma Dio che è giusto lo punirà!
CAVARADOSSI
Tosca, hai parlato?
TOSCA
No, amore ...
CAVARADOSSI
Davvero? ...

Tosca crolla e rivela il nascondiglio di Angelotti; in questo modo, però, ha decretato la condanna del console e dello stesso Cavaradossi.

Si noti l'efficace uso della pausa alla battuta «Basta! Roberti»: cancella una situazione per passare ad altro.

Abbiamo assistito alla prima scena di tortura del mondo dell'opera, tanto più efficace in quanto viene «sentita», non «vista», mentre in scena Scarpia conversava elegantemente con Tosca.

I due amanti appaiono sfiniti e anche il *leitmotiv* della tortura è stanco ed estenuato. Si notano lacerazioni tematiche, metamorfosi dell'originale.

251. «*afflitta*»: abbattuta.
254. «*A Marengo*»: la seconda fase della battaglia di Marengo (14 giugno 1800) si concluse con la vittoria dei Francesi rinforzati dall'arrivo di truppe fresche. Il generale austriaco von Mélas, che al mattino sembrava il vincitore, dovette ritirarsi e chiese l'armistizio.
260. «*vindice*»: della vendetta, della rivincita.

SCARPIA
(a Spoletta con autorità)
   Nel pozzo
 del giardino. - Va', Spoletta!
(Spoletta esce: Cavaradossi, che ha udito, si leva minaccioso contro Tosca; poi le forze l'abbandonano e si lascia cadere sul canapè, esclamando con rimprovero pieno di amarezza verso Tosca:)
CAVARADOSSI
 M'hai tradito!...
TOSCA (supplichevole)
  Mario!
CAVARADOSSI
(respingendo Tosca che si abbraccia stretta a lui)
250   Maledetta!
(Sciarrone, a un tratto, irrompe tutto affannoso)
SCIARRONE
 Eccellenza! quali nuove!
SCARPIA (sorpreso)
 Che vuol dir quell'aria afflitta?
SCIARRONE
 Un messaggio di sconfitta...
SCARPIA
 Che sconfitta? Come? Dove?
SCIARRONE
255 A Marengo...
SCARPIA (impazientito, gridando)
   Tartaruga!
SCIARRONE
 Bonaparte è vincitor...
SCARPIA
 Mélas...
SCIARRONE
  No! Mélas è in fuga!...
(Cavaradossi, che con ansia crescente ha udito le parole di Sciarrone, trova nel proprio entusiasmo la forza di alzarsi minaccioso in faccia a Scarpia)
CAVARADOSSI
260 Vittoria! Vittoria!
 L'alba vindice appar

Atto secondo

SCARPIA
(a Spoletta con tono di comando)
Nel pozzo del giardino.
Vai Spoletta!
(Spoletta esce. Cavaradossi, che ha sentito, si alza minaccioso contro Tosca; ma le forze lo abbandonano e ricade sul divano e scaglia un improvviso rimprovero pieno di amarezza a Tosca:)
CAVARADOSSI
M'hai tradito! ...
TOSCA (con tono di preghiera)
Mario!
CAVARADOSSI
(respingendo Tosca che lo abbraccia)
Maledetta!
(Sciarrone, all'improvviso, entra tutto affannato)
SCIARRONE
Eccellenza! Ci sono novità! ...
SCARPIA (meravigliato)
Che vuol dire quella faccia mesta?
SCIARRONE
Un messaggio di sconfitta.
SCARPIA
Che sconfitta? Come? Dove?
SCIARRONE
A Marengo...
SCARPIA (grida con impazienza)
Parla, tartaruga!
SCIARRONE
Bonaparte ha vinto...
SCARPIA
E Mélas...
SCIARRONE
No, Mélas è in fuga! ...
(Cavaradossi ha seguito le parole di Sciarrone con ansia; per l'entusiasmo trova la forza di alzarsi minaccioso in faccia a Scarpia)
CAVARADOSSI
Vittoria! Vittoria!
Viene il giorno della vendetta

Torniamo a un «allegro violento», dopo l'ordine di Scarpia di cercare nel pozzo del giardino. Cavaradossi apprende il tradimento di Tosca e respinge il suo abbraccio.

Sciarrone entra per annunciare la vittoria di Napoleone a Marengo. Cavaradossi, «con grande entusiasmo», ritrova il fiato e urla in faccia a Scarpia la sua esultanza.
È questo il brano più rivoluzionario dell'opera e chiarisce il credo politico del pittore. Puccini parte da un *si bemolle marcato* («vittoria! vittoria!») e scatena l'orchestra. Tuttavia la svolta eroica del personaggio è un po' improvvisata e non convince del tutto.

262. «*empi*»: malvagi, iniqui.
270. «*braveggia*»: fai lo spaccone, l'eroe.
272. «*alma ria*»: anima cattiva.

       che fa gli empi tremar!
       Libertà sorge, crollan
             tirannidi!
265 Del sofferto martir
       me vedrai qui gioir...
       il tuo cor trema, o Scarpia,
             carnefice!
(Tosca, disperatamente aggrappandosi a Cavaradossi, tenta, con parole interrotte, di farlo tacere)
TOSCA
       Mario, taci, pietà di me!
SCARPIA
(fissa cinicamente Cavaradossi)
270 Braveggia, urla! - T'affretta
       a palesarmi il fondo
       dell'alma ria!
       Va'! - Moribondo,
       il capestro t'aspetta!
(ed irritato per le parole di Cavaradossi, grida ai birri:)
275 Portatemelo via!
(Sciarrone ed i birri s'impossessano di Cavaradossi e lo trascinano verso la porta. Tosca con un supremo sforzo tenta di tenersi stretta a Cavaradossi, ma invano: essa è brutalmente respinta)
TOSCA
       Mario... con te...
(i birri conducono via Cavaradossi; li segue Sciarrone: Tosca si avventa per seguir Cavaradossi, ma Scarpia si colloca innanzi la porta e la chiude, respingendo Tosca)
SCARPIA
                Voi no!

             Tosca - Scarpia

TOSCA (come un gemito)
       Salvatelo!
SCARPIA
              Io?... Voi!

Atto secondo

che fa tremare i malvagi!
Ritorna la libertà, cadono le tirannidi!
Mi vedrai gioire
della tortura che ho sofferto...
Il tuo cuore trema, o Scarpia,
carnefice!

(Tosca disperatamente si aggrappa a Cavaradossi e cerca, con brevi parole, di farlo tacere)
TOSCA
Mario, taci, abbi pietà di me!
SCARPIA
(fissa Cavaradossi con cinismo)
Fai l'eroe, urla!
Fammi vedere il fondo
della tua anima malvagia!
Vai! Sei già morto,
t'aspetta la forca!
(irritato per le frasi di Cavaradossi, grida alle guardie:)
Portatemelo via!
(Sciarrone e le guardie si impadroniscono di Cavaradossi e lo trascinano verso la porta. Tosca con grande sforzo tenta di tenersi stretta a Cavaradossi, ma inutilmente, perché viene spinta via con brutalità)
TOSCA
Mario, vengo con te...
(Le guardie portano via Cavaradossi. Tosca lo vuole seguire, ma Scarpia sbarra la porta)

SCARPIA
Voi no!

TOSCA (come un gemito)
Salvatelo!
SCARPIA
Io? ... Voi!

In risposta, Cavaradossi viene condannato a morte per tradimento ed esce dalla scena. Ora si affrontano Tosca e Scarpia soli.

TOSCA

284. «*favelliamo*»: parlare (da «favellare», arcaico).
288. «*rincorarvi*»: darvi coraggio.
289. «*Quanto*»: sottintende «denaro», il prezzo.
295. «*mercede*»: ricompensa.
297. «*struggea*»: struggeva, consumava.

(si avvicina alla tavola, vede la sua cena lasciata a mezzo e ritorna calmo e sorridente)
280   La povera mia cena fu interrotta.
(vedendo Tosca abbattuta, immobile, ancora presso la porta)
Così accasciata?... Via, mia bella signora,
sedete qui. - Volete che cerchiamo
insieme il modo di salvarlo?
(Tosca si scuote e lo guarda: Scarpia sorride sempre e si siede, accennando in pari tempo di sedere a Tosca)
E allor... sedete... e favelliamo.
(forbisce un bicchiere col tovagliolo, quindi lo guarda a traverso la luce del candelabro)
285   E intanto
un sorso. È vin di Spagna...
(riempie il bicchiere e lo porge a Tosca)
                                        Un sorso
(con gentilezza)
per rincorarvi.
TOSCA
(siede in faccia a Scarpia, guardandolo fissamente. Appoggiando i gomiti sul tavolo, colle mani si sorregge il viso, e coll'accento del più profondo disprezzo chiede a Scarpia:)
Quanto?...
SCARPIA (imperturbabile, versandosi da bere)
290   Quanto?
TOSCA
                                    Il prezzo!...
SCARPIA (ride)
Già. - Mi dicon venal, ma a donna bella
(insinuante e con intenzione)
non mi vendo a prezzo di moneta.
Se la giurata fede
295   devo tradir... ne voglio altra mercede.
Quest'ora io l'attendeva!
Già mi struggea
l'amor della diva!
Ma poc'anzi ti mirai

Atto secondo

(si avvicina alla tavola, vede la cena lasciata a mezzo e ritorna calmo e sorridente)
La mia povera cena è stata interrotta.
(guarda Tosca abbattuta, immobile ancora presso la porta)
Così abbattuta?...Via, mia bella signora,
sedete qui. Volete cercare insieme a me
il modo di salvarlo?
(Tosca si scuote e lo guarda: Scarpia, sempre sorridente, si siede e contemporaneamente invita Tosca a sedersi)
E allora ... sedete .... e parliamo.
(pulisce il bicchiere col tovagliolo, poi lo guarda attraverso la luce del candelabro)
E intanto un sorso.
È vino di Spagna ...
(riempie il bicchiere e lo porge a Tosca, poi con gentilezza)
un sorso per rincuorarvi.

TOSCA
(siede in faccia a Scarpia e lo guarda fissamente. Appoggia i gomiti sul tavolo e si sorregge il viso colle mani. Con profondo disprezzo gli chiede:)
Quanto? ...

SCARPIA (impassibile, mentre si versa da bere)
Quanto?
TOSCA
Il prezzo! ...
SCARPIA (ride)
Già. Dicono che sono venale, ma a una donna
(insinuante e con intenzione)
bella non mi vendo per denaro.
Se devo tradire il giuramento di fedeltà
voglio un'altra ricompensa.
Quest'ora io l'aspettavo!
Da tempo mi consumava
l'amore per la Diva!
Ma poco fa ti ho ammirata

Si ripetono le tre note discendenti con cui è iniziato l'atto, con il compito di introdurre la scena del ricatto: Scarpia concederà la grazia solo se Tosca si piegherà ai suoi desideri.

Il testo del colloquio e l'andamento della musica sembrano quelli dell'inizio, ma Tosca è ormai sotto shock e chiede il prezzo della libertà.

L'orchestra rivela le intenzioni libidinose di Scarpia con un tema «appassionato» che si conclude alla fine del monologo in «singhiozzanti sincopati»: non di soldi si tratta, ma di lei. Da notare lo scarto di registro colloquiale: Scarpia è passato dal rispettoso «voi» al «tu» che consente di confessare senza mezzi termini il suo desiderio.

TOSCA

<table>
<tr><td>

301. «*lava*»: roccia fusa dei vulcani, sta per esca incandescente.
303. «*dardeggiava*»: lanciava frecce.
304. «*brame*»: desideri.
304. «*inferociva*»: rendeva più acuti, feroci.
311. «*m'avvento*»: mi getto nel vuoto.
312. «*In pegno*»: in ostaggio.
318. «*fallace*»: illusoria, falsa.

</td><td>

300   qual non ti vidi mai!
(eccitatissimo, si alza)
    Quel tuo pianto era lava
    ai sensi miei e il tuo sguardo
    che odio in me dardeggiava,
    mie brame inferociva!
305   Agil qual leopardo
    t'avvinghiasti all'amante - Ah! In
                              [quell'istante
    t'ho giurata mia!
    Mia!...
(si avvicina, stendendo le braccia verso Tosca: questa, che aveva ascoltato immobile, impietrita, le lascive parole di Scarpia, s'alza di scatto e si rifugia dietro il canapè)
TOSCA
                Ah!...
SCARPIA (quasi inseguendola)
310   Sì, t'avrò!
TOSCA (inorridita corre alla finestra)
              Piuttosto giù m'avvento!
SCARPIA (freddamente)
                            In pegno
    il Mario tuo mi resta!...
TOSCA
                    Ah! miserabile...
315   l'orribile mercato!
(le balena l'idea di recarsi presso la Regina e corre verso la porta)
SCARPIA
(che ne indovina il pensiero, si tira in disparte)
    Violenza non ti farò. Sei libera.
    Va' pure.
(Tosca con un grido di gioia fa per escire: Scarpia con un gesto e ridendo ironicamente la trattiene)
              Ma è fallace speranza... la Regina
    farebbe grazia ad un cadavere!
(Tosca retrocede spaventata, e fissando Scarpia si lascia cadere sul canapè; poi stacca gli occhi da Scarpia con un gesto di supremo disgusto e di odio)

</td></tr>
</table>

ATTO SECONDO

come non ti avevo mai vista.
(eccitatissimo, si alza)
Quel tuo pianto era come fuoco di lava
per i miei sensi, e il tuo sguardo
che scagliava fulmini su di me
accendeva di più il mio desiderio.
Agile come un leopardo
ti sei stretta al tuo amante. Ah! in quel
                                    [*momento*
ho giurato di farti mia! ...
Mia! ...
(si avvicina e stende le braccia verso Tosca. Lei ha ascoltato immobile, impietrita, le parole sensuali di Scarpia. Si alza di scatto e si rifugia dietro il divano)

> Comincia un vero e proprio inseguimento. Tosca fugge dal divano alla finestra. Tenta inutilmente di lottare contro il disgustoso baratto.

TOSCA
Ah! ...
SCARPIA (fa il gesto di inseguirla)
Sì, ti avrò!
TOSCA (inorridita, corre alla finestra)
Piuttosto mi butto giù!
SCARPIA (freddamente)
In mano mi resta il tuo Mario! ...

TOSCA
Ah! miserabile ... un orribile mercato!

(le balena l'idea di andare dalla Regina e corre verso la porta)
SCARPIA
(che ne indovina il pensiero, si ritira in disparte)
Non ti farò violenza. Sei libera.
Vai pure.
(Tosca con un grido di gioia fa per uscire: Scarpia ride ironicamente e la trattiene con un gesto)
Ma è una speranza inutile ... la Regina
farebbe grazia a un cadavere!
(Tosca indietreggia spaventata, fissa Scarpia e si lascia cadere sul divano; poi stacca gli occhi da Scarpia con un gesto di disgusto e di odio)

87

TOSCA

324. «*abbietto*»: spregevole.
326. «*spasimi*»: fremiti dolorosi.
333. «*scorta*»: guardie che accompagnano.
336. «*patibolo*»: palco dove si esegue la condanna a morte.

320 Come tu m'odii!
(con accento convinto e con compiacenza)
TOSCA (con tutto l'odio e il disprezzo)
    Ah ! Dio!...
SCARPIA (avvicinandosile)
       Così ti voglio!
TOSCA (esasperata)
  Non toccarmi, demonio! T'odio, t'odio,
  abbietto! vile!
(fugge da Scarpia inorridita)
SCARPIA
325   Che importa?!
(avvicinandosile ancor più)
  Spasimi d'ira... spasimi d'amore!
TOSCA
  Vile!
SCARPIA (cerca di afferrarla)
  Mia!
TOSCA (si ripara dietro la tavola)
  Vile!
SCARPIA (inseguendola)
330   Mia!
TOSCA
       Aiuto!
(un lontano rullo di tamburi a poco a poco si avvicina poi si dilegua lontano)
SCARPIA (fermandosi)
        Odi?
  È il tamburo. S'avvia. Guida la scorta
  ultima ai condannati. Il tempo passa!
(Tosca, dopo aver ascoltato con ansia terribile, si allontana dalla finestra e si appoggia estenuata, al canapè)
335 Sai... quale oscura opra laggiù si
         [compia?...
  Là... si drizza un patibolo!...
(Tosca fa un movimento di disperazione e di spavento)
       Al tuo Mario,
  per tuo voler, non resta che un'ora di vita!

ATTO SECONDO

Quanto devi odiarmi!
(con accento convinto e con compiacimento)
TOSCA (con tutto l'odio e il disprezzo)
Ah! Dio!
SCARPIA (si avvicina a lei)
Così ti voglio!
TOSCA (esasperata)
Non toccarmi, demonio! Ti odio, ti odio, spregevole! vile!
(fugge da Scarpia inorridita)
SCARPIA
Che importa?!
(si avvicina sempre di più a lei)
Spasimi d'ira ... spasimi d'amore!
TOSCA
Vigliacco!
SCARPIA (cerca di afferrarla)
Mia!
TOSCA (si ripara dietro la tavola)
Vigliacco!
SCARPIA (la insegue)
Mia!
TOSCA
Aiuto!
(un lontano rullo di tamburi a poco a poco si avvicina e poi si allontana)
SCARPIA (riflette)
Senti? È il tamburo. Accompagna l'ultima scorta ai condannati. Il tempo passa!
(Tosca, dopo aver ascoltato con ansia terribile, si allontana dalla finestra e, sfinita, si appoggia al divano)
Sai ... qual è la misteriosa opera che si compie
[laggiù?
Là... si prepara un patibolo!...
(Tosca fa un movimento di disperazione e di spavento)
Al tuo Mario,
per volontà tua, non resta che un'ora di vita!

Anche l'odio eccita Scarpia. La battuta «come tu mi odi!» fu imposta da Puccini, al posto della debole domanda «mi odi?»

Il rullo dei tamburi gioca da rinforzo emotivo per gettare Tosca nella disperazione di una situazione senza altra uscita.

89

TOSCA

339. «*Vissi*»: il verbo «vivere» è usato al passato remoto come molti altri verbi dell'aria.
341. «*furtiva*»: nascosta.
343. «*fe'*»: fede.
345. «*santi tabernacoli*»: genericamente «altari» o custodie sacre per il SS.Sacramento.
350. «*rimuneri*»: (da «rimunerare») ricompensi, premi.
363. «*mercé*»: la grazia
363. «*detto*»: parola.

(freddamente si appoggia ad un angolo della tavola, continuando a guardare Tosca. Tosca affranta dal dolore si lascia cadere sul canapè. Freddamente Scarpia va ad appoggiarsi ad un angolo della tavola, si versa il caffè e lo assorbe mentre continua a guardare Tosca)

TOSCA
(nel massimo dolore)
Vissi d'arte, vissi d'amore,
340 non feci mai male ad anima viva!
Con man furtiva
quante miserie conobbi, aiutai.
Sempre con fe' sincera
la mia preghiera
345 ai santi tabernacoli salì.
Sempre con fe' sincera
diedi fiori agli altar. (alzandosi)
Nell'ora del dolore,
perché, perché Signore,
350 perché me ne rimuneri così?
Diedi gioielli
della Madonna al manto,
e diedi il canto
agli astri, al ciel, che ne ridean più belli.
355 Nell'ora del dolore,
perché, perché Signore,
perché me ne rimuneri così?
(singhiozzando)
SCARPIA (avvicinandosi di nuovo a Tosca)
Risolvi!
TOSCA
Mi vuoi supplice ai tuoi piedi?
(inginocchiandosi innanzi a Scarpia)
360 Vedi, (singhiozza)
le man giunte io stendo a te!
(alzando le mani giunte)
Ecco,... vedi...
(con accento disperato)
e mercé d'un tuo detto, vinta aspetto...
(avvilita)

ATTO SECONDO

(freddamente si appoggia ad un angolo della tavola, e continua a guardare Tosca. Tosca abbattuta dal dolore si lascia cadere sul divano. Scarpia si versa il caffè e lo beve mentre continua a guardare Tosca)

TOSCA
(al massimo del dolore)
Vissi d'arte, vissi d'amore,
non ho mai fatto male ad anima viva! ...
Di nascosto
ho aiutato tutte le miserie che ho conosciute ...
Sempre con fede sincera
ho rivolto la mia preghiera
ai sacri tabernacoli.
Sempre con fede sincera
ho portato fiori agli altari (alzandosi)
Nell'ora del dolore,
perché, perché Signore,
perché mi ripaghi così?
Ho portato gioielli
per il manto della Madonna,
e ho dato il mio canto
alle stelle e al cielo che ne ridevano più belli.
Nell'ora del dolore
perché, perché Signore
perché mi ripaghi così?
(singhiozza)
SCARPIA (si avvicina di nuovo a Tosca)
Decidi!
TOSCA
Mi vuoi inginocchiata ai tuoi piedi?
(si inginocchia davanti a Scarpia)
Vedi, (singhiozza)
io tendo a te le mie mani giunte
(alza le mani giunte)
Ecco ... vedi ...
(con accento disperato)
vinta, aspetto la grazia di una tua parola...
(avvilita)

Una scala cromatica discendente ha fatto da passaggio all'aria «Vissi d'arte». Unico pezzo «a solo» di Tosca, per la sua forma chiusa non era molto amato da Puccini che temeva ritardasse l'azione. È introdotto in *mi bemolle minore*, tonalità patetica riservata alle scene di disperazione, e cita varie reminiscenze di temi già sviluppati anche nel I atto, tra cui alcune armonie da chiesa che accompagnarono il suo ingresso a Sant'Andrea. Interessante l'uso del passato remoto «vissi» per indicare un tempo psicologicamente lontano e concluso.

Sempre in *mi bemolle minore* l'arioso di Tosca segna la rinuncia alle difese. Ancora una volta rileviamo la capacità simbolica dell'armonia modale di sfigurare i temi già annunciati con caratteristiche tonali.

> 366. «*chieggo*»: chiedo.
> 378. «*odi*»: senti (da «udire»).
> 381. «*simular*»: fingere.

SCARPIA
    Sei troppo bella, Tosca, e troppo amante.
365 Cedo. - A misero prezzo
    tu, a me una vita, io, a te chieggo un istante!
TOSCA (alzandosi, con senso di gran disprezzo)
    Va'! - va'! - Mi fai ribrezzo!
(bussano alla porta)
SCARPIA
    Chi è là?
SPOLETTA (entrando tutto frettoloso e trafelato)
    Eccellenza, l'Angelotti al nostro giungere
370 s'uccise!
SCARPIA
        Ebben, lo si appenda
    morto alle forche! E l'altro prigionier?
SPOLETTA
    Il cavalier Cavaradossi? È tutto
    pronto, Eccellenza!
TOSCA
375   (Dio! m'assisti!)
SCARPIA (a Spoletta)
                    Aspetta.
(piano a Tosca)
    Ebbene?
(Tosca accenna di sì col capo e dalla vergogna piangendo affonda la testa fra i cuscini del canapè; a Spoletta)
        Odi….
TOSCA (interrompendo subito Scarpia)
            Ma libero all'istante
380 lo voglio!
SCARPIA (a Tosca)
        Occorre simular. Non posso
    far grazia aperta. Bisogna che tutti
    abbian per morto il cavalier.
(accenna a Spoletta)
                Quest'uomo
385 fido provvederà.
TOSCA
        Chi m'assicura?

ATTO SECONDO

SCARPIA
Tosca, sei troppo bella e troppo appassionata.
Cedo. Per un piccolo prezzo
tu mi chiedi una vita, io un istante.
TOSCA (si alza con grande disprezzo)
Vai! Vai! Mi fai schifo!
(bussano alla porta)
SCARPIA
Chi è là?
SPOLETTA (entra in fretta e trafelato)
Eccellenza, l'Angelotti
quando siamo giunti si è ucciso!
SCARPIA
Ebbene, appendetelo morto
alla forca. E l'altro prigioniero?
SPOLETTA
Il Cavaliere Cavaradossi? È tutto
pronto, Eccellenza!
TOSCA
(Dio, assistimi!)
SCARPIA (a Spoletta)
Aspetta.
(piano a Tosca)
Allora?
(Tosca fa cenno di sì col capo e per la vergogna piangendo affonda la testa fra i cuscini del divano)
(a Spoletta)
Ascolta...
TOSCA (interrompe Scarpia)
Ma lo voglio libero, subito!

SCARPIA (a Tosca)
Bisogna fingere. Non posso
far grazia apertamente. Bisogna che tutti
credano morto il cavaliere.
(indica Spoletta)
Quest'uomo
fidato ci penserà.
TOSCA
Chi mi assicura?

> Allusione fugace al tema di Angelotti, ormai finito.

389. «*avviso*»: opinione.
401. «*passo*»: permesso, libero passaggio.

SCARPIA
    L'ordin ch'io gli darò voi qui presente.
(a Spoletta)
    Spoletta: chiudi.
(Spoletta frettolosamente chiude la porta, poi ritorna presso Scarpia)
                      Ho mutato d'avviso...
390   Il prigionier sia fucilato.
(Tosca scatta atterrita)
                            Attendi...
(fissa con intenzione Spoletta che accenna replicatamente col capo di indovinare il pensiero di Scarpia)
    Come facemmo del conte Palmieri...
SPOLETTA
    Un'uccisione...
SCARPIA
(subito con marcata intenzione)
                      ...simulata!... Come
395   avvenne del Palmieri! Hai ben compreso?
SPOLETTA
    Ho ben compreso.
SCARPIA
                                Va'.
TOSCA
(che ha ascoltato avidamente, interviene)
                          Voglio avvertirlo
io stessa.
SCARPIA
400   E sia. (a Spoletta, indicando Tosca)
    Le darai passo. Bada:
all'ora quarta...
(marcando intenzionalmente)
SPOLETTA (con intenzione)
                      Sì. Come Palmieri... (esce)
(Scarpia, ritto presso la porta, ascolta Spoletta allontanarsi, poi trasformato nel viso e nei gesti si avvicina con grande passione a Tosca)
SCARPIA
    Io tenni la promessa...

ATTO SECONDO

SCARPIA
L'ordine che gli darò qui davanti a voi:
(a Spoletta)
Spoletta, chiudi.
(Spoletta in fretta chiude la porta, poi ritorna presso Scarpia)
Ho cambiato idea ...
Il prigioniero sia fucilato.
(Tosca scatta spaventatissima)
Capisci bene ...
(fissa con intenzione Spoletta che più volte fa cenno col capo di aver capito il pensiero di Scarpia)

Come abbiamo fatto con il conte Palmieri...
SPOLETTA
Un'uccisione...
SCARPIA
(subito, con un'intenzione marcata)
... per finta! ... Come avvenne del Palmieri! Hai capito bene?
SPOLETTA
Ho capito bene.
SCARPIA
Vai.
TOSCA
(che ha ascoltato con grande tensione, interviene)
Voglio avvertirlo
io stessa.
SCARPIA
E sia pure. (a Spoletta, indicando Tosca)
La farai passare. Bada:
all'ora quarta...
(rinforza le parole con intenzione)
SPOLETTA (con intenzione)
Sì. Come Palmieri ... (esce).
(Scarpia, in piedi presso la porta, ascolta Spoletta che si allontana poi cambia viso e gesti e si avvicina a Tosca con passione)
SCARPIA
Io ho mantenuto la promessa ...

Tosca è obbligata a cedere; promette di darsi a Scarpia in cambio della vita del suo Mario. Ma gli chiede un salvacondotto per uscire sani e salvi dallo Stato.

Scarpia finge di acconsentire a una fucilazione «simulata», con armi caricate a salve, ma prende accordi ben diversi con Spoletta. I tremuli dell'orchestra confermano lo stato di tensione.

TOSCA (arrestandolo)
405   Non ancora.
Voglio un salvacondotto onde fuggir
dallo Stato con lui.
SCARPIA (con galanteria)
                Partir dunque volete?
TOSCA (con accento convinto)
  Sì, per sempre!
SCARPIA
410   Si adempia il voler vostro.
(va allo scrittoio: si mette a scrivere, interrompendosi per domandare a Tosca:)
  E qual via scegliete?
(Mentre Scarpia scrive, Tosca si è avvicinata alla tavola e colla mano tremante prende il bicchiere di vino di Spagna versato da Scarpia; ma nel portare il bicchiere alle labbra, scorge sulla tavola un coltello affilato ed a punta; dà una rapida occhiata a Scarpia che in quel momento è occupato a scrivere - e con infinite precauzioni cerca di impossessarsi del coltello, rispondendo alle domande di Scarpia ch'essa sorveglia attentamente)
TOSCA
                La più breve!
SCARPIA
  Civitavecchia?
TOSCA
            Sì.
(Finalmente ha potuto prendere il coltello, che dissimula dietro di sé appoggiandosi alla tavola e sempre sorvegliando Scarpia. Questi ha finito di scrivere il salvacondotto, vi mette il sigillo, ripiega il foglio: quindi aprendo le braccia si avvicina a Tosca per avvincerla a sé)
SCARPIA
415   Tosca, finalmente mia!...
(ma l'accento voluttuoso si cambia in un grido terribile - Tosca lo ha colpito in pieno petto)
SCARPIA (gridando)
  Maledetta!!

---

406. «*salvacondotto*»: lasciapassare, documento per uscire liberamente dallo Stato.
413. «*Civitavecchia*»: porto vicino Roma.

ATTO SECONDO

TOSCA (lo ferma)
*Non ancora.
Voglio un salvacondotto per fuggire
con lui dallo Stato.*
SCARPIA (con galanteria)
Dunque volete partire?
TOSCA (con tono deciso)
Sì, per sempre!
SCARPIA
Sia fatto come volete.
(va allo scrittorio, comincia a scrivere, s'interrompe per domandare a Tosca:)
Quale via scegliete?
(mentre Scarpia scrive, Tosca si avvicina alla tavola; con mano tremante prende il bicchiere di vino di Spagna; ma nel portare il bicchiere alla bocca, vede sul tavolo un coltello appuntito e affilato; guarda rapidamente Scarpia, che è occupato a scrivere, e con prudenza cerca d'impadronirsi del coltello, mentre sorveglia Scarpia e risponde alle sue domande)

TOSCA
La via più breve!
SCARPIA
Civitavecchia?
TOSCA
Sì.
(Finalmente prende il coltello e lo nasconde dietro di sé, si appoggia alla tavola sempre sorvegliando Scarpia. Lui ha finito di scrivere il salvacondotto, vi mette il sigillo, ripiega il foglio: poi si avvicina a Tosca e apre le braccia per stringerla a sé)

SCARPIA
Tosca, finalmente mia!
(ma la voce sensuale si trasforma in un grido terribile. Tosca lo ha colpito in pieno petto)
SCARPIA (gridando)
Maledetta!!

Siamo all'ultima scena. La frase di 10 battute intonate dai primi violini in sordina sulla quarta corda è considerata una delle invenzioni pucciniane più indovinate per introdurre la tragica conclusione.
Tutti questi motivi desolati torneranno al III atto, durante l'attesa della fucilazione.

Dal tentativo di stupro alla morte di Scarpia è un precipitare rapido di azioni. Nel momento in cui Scarpia sta per stringerla a sé, Tosca gli affonda nel petto il coltello che aveva sottratto dalla tavola.

Tosca

428. «*Or*»: ora.

TOSCA (gridando)
    Questo è il bacio di Tosca!
SCARPIA (con voce strozza)
    Aiuto! Muoio!
(barcollando cerca d'aggrapparsi a Tosca, che indietreggia terrorizzata)
    Soccorso! Muoio!
TOSCA (con odio a Scarpia)
420   Ti soffoca il sangue?
(Scarpia si dibatte inutilmente e cerca di rialzarsi, aggrappandosi al canapè)
    E ucciso da una donna!
    M'hai assai torturata!...
    Odi tu ancora? Parla!... Guardami!...
    Son Tosca!... o Scarpia!!
SCARPIA
(fa un ultimo sforzo, poi cade riverso; soffocato)
425   Soccorso, aiuto!
(rantolando)
    Muoio!
TOSCA (piegandosi sul viso di Scarpia)
    Muori dannato! Muori, muori!
(Scarpia rimane rigido)
    È morto! Or gli perdono!
(senza togliere lo sguardo dal cadavere di Scarpia, va al tavolo, prende una bottiglia d'acqua e inzuppando un tovagliolo si lava le dita, poi si ravvia i capelli guardandosi allo specchio. Si sovviene del salvacondotto... lo cerca sullo scrittoio, ma non lo trova; lo cerca ancora, finalmente vede il salvacondotto nella mano raggrinzita di Scarpia. Solleva il braccio di Scarpia, che poi lascia cadere inerte, dopo aver tolto il salvacondotto che nasconde in petto.)
    E avanti a lui tremava tutta Roma!
(si avvia per uscire, ma si pente, va a prendere le due candele che sono sulla mensola a sinistra e le accende al candelabro sulla tavola spegnendo poi questo. Colloca una candela accesa a destra della testa di Scarpia. Mette l'altra candela a sinistra. Cerca di nuovo intorno e vedendo un crocifisso va a

Atto secondo

TOSCA (gridando)
   Questo è il bacio di Tosca!
SCARPIA (con voce strozzata)
   Aiuto! Muoio!
(barcollando, cerca di appoggiarsi a Tosca che si tira indietro atterrita)
   Soccorso! Muoio!
TOSCA (con odio)
   Ti soffoca il sangue?
(Scarpia si dibatte inutilmente e cerca di rialzarsi aggrappandosi al divano)
   È ucciso da una donna!
   M'hai torturata troppo! ...
   Puoi sentire ancora? Parla! .. Guardami! ...
   Sono Tosca! ... Scarpia!!
SCARPIA
(fa un ultimo sforzo, poi cade riverso) (soffocato)
   Soccorso, aiuto!
(rantola)
   Muoio!
TOSCA (si piega sul viso di Scarpia)
   Muori dannato! Muori, muori!
(Scarpia rimane rigido)
   È morto, ora gli perdono!
(senza smettere di guardare il cadavere di Scarpia, Tosca va al tavolo, prende una bottiglia d'acqua, bagna un tovagliolo e si lava le dita; poi si ravvia i capelli guardandosi allo specchio. Si ricorda del salvacondotto, lo cerca sullo scrittoio ma non lo trova; lo cerca intorno. Finalmente lo vede nella mano contratta di Scarpia. Solleva il braccio di Scarpia che poi lascia ricadere inerte quando ha preso il salvacondotto che nasconde nel petto.)
   E davanti a lui tremava tutta Roma!
(si avvia per uscire, poi si pente, prende due candele sulla mensola a sinistra, le accende al candelabro del tavolo e questo poi lo spegne. Mette una candela accesa a destra e l'altra a sinistra della testa di Scarpia. Si guarda intorno e scorge un Crocifisso. Va a staccarlo dalla parete, lo porta con devo-

---

Melodia in *fa diesis minore* sull'azione mimica di Tosca che si rimette in ordine, estrae il documento dalla mano del morto e pronuncia, col peso di un macigno, la frase funebre che allude al potere di Scarpia, sconfinato come è sconfinata Roma. Puccini musicò la frase con una sola nota ribattuta; poi è invalso l'uso di interpretarla come «parlato».

Donna religiosa, ma anche attrice di teatro, Tosca costruisce una cerimonia come una scenografia intorno al cadavere di Scarpia. L'orchestra ripete i temi musicali della lussuria e dell'amore che si confondono nei pensieri di lei; su tutto torna, lugubre fantasma, il tema di Scarpia in minore, mentre un lontano rullo di tamburi spegne ogni impossibile speranza.

staccarlo dalla parete e portandolo religiosamente si inginocchia per posarlo sul petto di Scarpia. Si alza e con grande precauzione esce, richiudendo dietro a sé la porta.)

Il grande soprano Renata Tebaldi, interprete lirica di grazia e tecnica ineguagliabili, nella scena finale del secondo atto di *Tosca*, rappresentata alla Scala di Milano nel 1959.

to rispetto, si inginocchia e lo posa sul petto di Scarpia. Si alza, con molta precauzione esce e chiude dietro di sé la porta).

Locandina di A. Hohenstein per *Tosca* (1899). La scena raffigurata è il finale del secondo atto, quando Floria Tosca depone il crocifisso sul petto di Scarpia.
La prima rappresentazione di *Tosca* ebbe luogo a Roma nel 1900, a cento anni di distanza dalla data degli eventi rappresentati.

ATTO TERZO

La scena è ambientata a Castel Sant'Angelo, il monumento eretto nell'anno 135 d.C. dall'imperatore Elio Adriano con la funzione di mausoleo. Nei secoli fu trasformato in fortezza per i prigionieri politici e collegato con un lungo corridoio ai palazzi del Vaticano. Deve il suo nome alla miracolosa apparizione di un angelo in cima alla costruzione, che segnò la fine di una pestilenza. Sulla scena c'è una «casamatta», fortificazione militare che serviva da riparo e da deposito.

1-8. «*Io de' sospiri*»: le due quartine che seguono sono in dialetto romanesco, scritte dal poeta Giggi Zanazzo, studioso del folklore di Roma, a cui Puccini aveva commissionato un testo «popola-

La piattaforma di Castel Sant'Angelo

A sinistra, una casamatta: vi è collocata una tavola, sulla quale stanno una lampada, un grosso registro e l'occorrente per scrivere: una panca, una sedia. Su di una parete della casamatta un crocifisso: davanti a questo è appesa una lampada. A destra, l'apertura di una piccola scala per la quale si ascende alla piattaforma. Nel fondo il Vaticano e S. Pietro.

(Notte. - Cielo sereno, scintillante di stelle) (Si odono, lontane, le campanelle d'un armento: di mano in mano vanno sempre più affievolendosi)
LA VOCE DI UN PASTORE
 Io de' sospiri,
 Te ne rimanno tanti
 Pe' quante foje
 Ne smoveno li venti.
5 Tu mme disprezzi,
 Io me ci accoro,
 Lampena d'oro
 Me fai morir!
(la luce incerta e grigia che precede l'alba: le campane delle chiese suonano mattutino. Un Carceriere con una lanterna sale dalla scala, va alla casamatta e vi accende la lampada sospesa davanti al crocifisso, poi quella sulla tavola. Poi va in fondo alla piattaforma e guarda giù nel cortile sottostante per vedere se giunge il picchetto dei soldati, col condannato. Si incontra con una sentinella che percorre tutt'all'intorno la piattaforma e scambiate colla stessa alcune parole, ritorna alla casamatta, siede ed aspetta mezzo assonnato. Più tardi un picchetto, comandato da un Sergente di guardia, sale sulla

Piattaforma di Castel Sant'Angelo

A sinistra c'è una 'casamatta': vi si trova un tavolo (sul quale ci sono una lampada, un grosso registro e l'occorrente per scrivere), una panca e una sedia. Su una parete della 'casamatta' c'è un crocifisso: davanti a questo è appesa una lampada. A destra si vede l'apertura di una piccola scala per la quale si va alla piattaforma.
Sullo sfondo il Vaticano e San Pietro.

(È notte. Nel cielo sereno scintillano le stelle. Lontano si sente il suono delle campanelle di un gregge, che via via si affievoliscono sempre di più)
LA VOCE DI UN PASTORE
Io ti rimando
Tanti sospiri
Quante sono le foglie
Mosse dai venti
Tu mi disprezzi
Io mi addoloro
Lampada d'oro
Mi fai morire!
(A poco a poco si vede la luce incerta e grigia che precede l'alba: le campane delle chiese suonano il mattutino. Un Carceriere con una lanterna sale dalla scala, entra nella 'casamatta' e accende la lampada davanti al crocifisso e quella sulla tavola. Poi va in fondo alla piattaforma, guarda giù nel cortile sottostante per vedere se giunge il 'picchetto' dei soldati col condannato. S'incontra con la sentinella di ronda; scambiano alcune parole. Poi il Carceriere ritorna alla casamatta e si siede al tavolo mezzo assonnato. Poco dopo sale sulla piattaforma un 'picchetto', comandato da un Sergente di guardia, che

Un brano orchestrale, in netto contrasto con l'angoscioso finale del II atto, crea una pausa di distensione evocando realisticamente il sorgere dell'alba su Roma. Campane di diversa altezza segnano l'elemento spaziale, la vastità e la pace del panorama romano, a cui contribuiscono le campanelle di un gregge e il malinconico canto («Io de' sospiri») di un pastore, su una melodia di gusto popolare e antico ottenuto con l'uso della *quarta lidia* in scala discendente. Ma il risultato emotivo non è rassicurante: affiorano anticipazioni del duetto «Trionfal...» e reminiscenze legate a Scarpia, artefice dei destini oltre la morte.

103

re» da adattare alla sua musica.
19. «*sol motto*»: sola parola.
22. «*anel*»: anello.

piattaforma accompagnando Cavaradossi: il picchetto si arresta ed il Sergente conduce Cavaradossi nella casamatta, consegnando un foglio al Carceriere. - Il Carceriere esamina il foglio, apre il registro e vi scrive mentre interroga).

Il Carceriere - Cavaradossi - Un Sergente - Soldati

CARCERIERE
  Mario Cavaradossi?
(Cavaradossi china il capo, assentendo. Il Carceriere porge la penna al Sergente)
10   A voi.
(il Sergente firma il registro, poi parte coi soldati, scendendo per la scala; a Cavaradossi)
      Vi resta
un'ora... Un sacerdote i vostri cenni
attende.
CAVARADOSSI
    No! Ma un'ultima grazia
15 io vi richiedo...
CARCERIERE
     Se posso...
CAVARADOSSI
      Io lascio al mondo
una persona cara. Consentite
ch'io le scriva un sol motto.
(togliendosi dal dito un anello)
20 Unico resto
di mia ricchezza è questo
anel... Se promettete
di consegnarle il mio
ultimo addio,
25 esso è vostro...
CARCERIERE
(tituba un poco, poi accetta e facendo cenno a Cavaradossi di sedere alla tavola, va a sedere sulla panca)
    Scrivete...

ATTO TERZO

accompagna Cavaradossi. Il 'picchetto' si ferma e il Sergente conduce Cavaradossi nella 'casamatta' e consegna un foglio al Carceriere. Il Carceriere esamina il foglio, apre il registro e comincia a scrivere mentre interroga):

CARCERIERE
Mario Cavaradossi?
(Cavaradossi china la testa per assentire. Il Carceriere porge la penna al Sergente)
A voi.
(Il Sergente firma il registro, poi si allontana con i soldati; scendono le scale) (A Cavaradossi):
Vi resta
un'ora... Un sacerdote attende
a un vostro segno...
CAVARADOSSI
No! Ma vi chiedo
un'ultima grazia...
CARCERIERE
Se posso...
CAVARADOSSI
Io lascio al mondo
una persona cara. Permettete
che io le scriva almeno una parola.
(togliendosi dal dito un anello)
Tutto quello
che mi resta della mia ricchezza
è quest'anello... Se promettete
di consegnarle il mio ultimo addio
sarà vostro...

CARCERIERE
(è un po' incerto, poi accetta e indica a Cavaradossi di sedersi al tavolo; lui si siede sulla panca)
Scrivete...

La lunga descrizione dei movimenti dei carcerieri, l'arrivo di Cavaradossi danno inizio all'attesa inquietante degli eventi. L'orchestra, in cui predominano gli archi, anticipa in tutto il suo sviluppo l'imminente assolo di Cavaradossi.

La secca risposta di Cavaradossi, «No!», conferma che non crede nel conforto della religione. I particolari biografici sono rivelati attraverso minimi e sapienti indizi.

Alla parola «cara» si affaccia teneramente il tema di Tosca.

27. «*olezzava*»: profumava.
28. «*stridea*»: strideva, cigolava con rumori di ferri.
30. «*fragrante*»: fresca e profumata.
31. «*cadea*»: cadeva.
33. «*fremente*»: agitato dalla passione.
34. «*disciogliea*»: discioglievo, liberavo.
39. «*franchigia*»: libertà, permesso.

CAVARADOSSI
(rimane alquanto pensieroso, quindi si mette a scrivere... ma dopo tracciate alcune linee è invaso dalle rimembranze, e si arresta dallo scrivere) (pensando)
E lucevan le stelle... e olezzava
la terra... - stridea l'uscio
dell'orto... - e un passo sfiorava la rena...
30 Entrava ella, fragrante,
mi cadea fra le braccia...
Oh! dolci baci, o languide carezze,
mentr'io fremente
le belle forme disciogliea dai veli!
35 Svanì per sempre il sogno mio d'amore...
L'ora è fuggita...
e muoio disperato!...
E non ho amato mai tanto la vita!...
(scoppia in singhiozzi, coprendosi il volto colle mani)
(Dalla scala viene Spoletta, accompagnato dal Sergente e seguito da Tosca: il Sergente porta una lanterna - Spoletta accenna a Tosca ove trovasi Cavaradossi, poi chiama a sé il Carceriere: con questi e col Sergente ridiscende, non senza avere prima dato ad una sentinella, che sta in fondo, l'ordine di sorvegliare il prigioniero).

Tosca- Cavaradossi

(Tosca, che in questo frattempo è rimasta agitatissima, vede Cavaradossi che piange: si slancia presso a lui, e non potendo parlare per la grande emozione, gli solleva colle due mani la testa, presentandogli in pari tempo il salvacondotto: Cavaradossi, alla vista di Tosca, balza in piedi sorpreso, poi legge il foglio che gli presenta Tosca)
CAVARADOSSI (legge)
Franchigia a Floria Tosca...
TOSCA (leggendo insieme con lui con voce affannosa e convulsa)
40 *e al cavaliere*

ATTO TERZO

CAVARADOSSI
(rimane alquanto pensieroso, poi comincia a scrivere, ma dopo qualche riga s'interrompe, preso dai ricordi) (pensando)
*Brillavano le stelle... e odoravano
i campi... - il cancello del giardino cigolava
- e un passo sfiorava la rena.
Lei entrava, profumata,
mi cadeva fra le braccia...
Che baci dolci, che carezze morbide,
mentre io fremente
liberavo dagli abiti la sua bella persona!
Il mio sogno d'amore è svanito... per sempre...
L'ora è fuggita...
e io muoio disperato!...
E non ho mai amato tanto la vita!...*
(Scoppia in singhiozzi e si copre il viso con le mani)
(Dalle scale sale Spoletta insieme al Sergente che porta una lanterna. Lo segue Tosca. Spoletta indica a Tosca dove si trova Cavaradossi, poi chiama il Carceriere. Spoletta, il Carceriere e il Sergente ridiscendono; ma prima Spoletta ordina a una sentinella, che sta sul fondo, di sorvegliare il prigioniero).

Dal parlato, il recitativo diventa «arioso», poi prende corpo. L'addio alla vita e all'amore, connotato da una forte carica erotica, nella prima parte è costruito sui ricordi carezzevoli dei sensi (udito, tatto, odorato), affidati a una melodia per clarinetto (lo strumento associato a Cavaradossi) che segue l'indicazione «dolcissimo, vagamente, rubando». Poi, quando diventa disperazione, gli archi riprendono la melodia raddoppiandola «con grande sentimento».

Tosca giunge di sorpresa. Una volata dell'orchestra accompagna il suo ingresso, impetuoso come sempre. Segue il racconto smozzicato del dramma vissuto: ci sono troppe rivelazioni da concentrare in breve tempo e in stato di stress.

(Tosca, che ha assistito agitatissima alla scena, vede Cavaradossi che piange: corre verso di lui, ma non può parlare per l'emozione, gli alza la testa con le due mani e gli presenta il salvacondotto: Cavaradossi, alla vista di Tosca, balza in piedi sorpreso, poi legge il foglio che Tosca gli porge)

CAVARADOSSI (legge)
«Franchigia a Floria Tosca...
TOSCA
(continua a leggere con lui affannosamente)
... e al cavaliere che l'accompagna».

49. «*volea*»: voleva.
49. «*fur*»: furono.
52. «*dicea*»: diceva.
56. «*ghermir*»: ghermire; letteralmente «afferrare con gli artigli», quindi con forza.
57. «*brama*»: desiderio avido.
65-66. «*n'ebbi le man*»: ebbi le mani tutte sporche del suo sangue.
68. «*opre*»: opere.

che l'accompagna.
(a Cavaradossi con un grido d'esultanza)
     Sei libero!
CAVARADOSSI
(guarda il foglio; ne legge la firma)
(guardando Tosca con intenzione)
       Scarpia!...
 Scarpia che cede? La prima
45 sua grazia è questa...
TOSCA
     E l'ultima!
(riprende il salvacondotto e lo ripone in una borsa)
CAVARADOSSI
       Che dici?...
TOSCA (scattando)
 Il tuo sangue e il mio amore
 volea... Fur vani scongiuri e pianti.
50 Invan, pazza d'orror,
 alla Madonna mi volsi e ai Santi...
 L'empio mostro dicea: già nei
 cieli il patibol le braccia leva!
 Rullavano i tamburi...
55 Rideva, l'empio mostro... rideva...
 già la sua preda pronto a ghermir!
 «Sei mia!» - Sì. - Alla sua brama
 mi promisi. Lì presso
 luccicava una lama...
60 Ei scrisse il foglio liberator,
 venne all'orrendo amplesso...
 Io quella lama gli piantai nel cor.
CAVARADOSSI
 Tu!?... di tua man l'uccidesti? - tu pia,
 tu benigna, - e per me!
TOSCA
65   N'ebbi le man
 tutte lorde di sangue!...
CAVARADOSSI (prendendo amorosamente fra le sue le mani di Tosca)
 O dolci mani mansuete e pure,
 o mani elette a bell'opre e pietose,

(a Cavaradossi con un grido di trionfo)
Sei libero!
CAVARADOSSI
(guarda il foglio, legge la firma. Poi guarda Tosca con intenzione)
Scarpia!...
Scarpia che cede?
Questa è la sua prima grazia...
TOSCA
E l'ultima!
(riprende il salvacondotto e lo mette nella borsa)
CAVARADOSSI
Che dici?...
TOSCA (con uno scatto)
Voleva il tuo sangue e il mio amore...
Pianti e preghiere furono inutili.
Impazzita per lo spavento, mi sono rivolta
invano alla Madonna e ai Santi.
Quel mostro spietato diceva: già la forca
alza le braccia al cielo!
E i tamburi rullavano.
Rideva, quel mostro disgustoso, rideva...
pronto ad agguantare la sua preda!
«Sei mia!» - Sì - Mi sono promessa
alle sue voglie. Lì vicino
brillava una lama...
Lui scrisse quel foglio liberatore, poi
mi venne addosso per un abbraccio ripugnante...
Io gli ho piantato nel cuore quella lama.
CAVARADOSSI
Tu!?... l'hai ucciso di tua mano? -
tu così religiosa, tu così buona - e per me!
TOSCA
Le mie mani erano
tutte sporche di sangue!...
CAVARADOSSI (prende con amore le mani di Tosca fra le sue)
O dolci mani buone e pure
mani scelte per fare opere belle e pietose,

Nella voce dell'attrice vibra l'eccitazione nervosa; più avanti, in modo ossessivo, ripeterà la raccomandazione di cadere bene, in modo convincente, come farebbe lei «con scenica scienza».

Il canto di Cavaradossi è frenato, ripetitivo, come quello di chi, commentando incredulo, vuole allentare un conflitto.

70. «*giunte*»: unite per pregare.
71. «*secure*»: sicure.
80. «*sen vanno*»: se ne vanno.
81. «*tartana*»: piccola nave da carico usata nel Mediterraneo.
82. «*pel*»: per il.
84. «*si duole*»: si lamenta, si rammarica.
85. «*effluvi*»: profumi diffusi.
90. «*desire*»: desiderio.
92. «*folgorare*»: accendere.
94. «*mire*»: ammirabili.
96. «*nocchier*»: nocchiero, colui che guida la nave.
100. «*dileguerem*»: allontaneremo.

    a carezzar fanciulli, a coglier rose,
70 a pregar, giunte, per le sventure,
    dunque in voi, fatte dall'amor secure,
    giustizia le sue sacre armi depose?
    Voi deste morte, o man vittoriose,
    o dolci mani mansuete e pure!...
TOSCA (svincolando le mani)
75 Senti... l'ora è vicina; io già raccolsi
(mostrando la borsa)
    oro e gioielli... una vettura è pronta.
    Ma prima... ridi amor... prima sarai
    fucilato - per finta - ad armi scáriche...
    Simulato supplizio. Al colpo... cadi.
80 I soldati sen vanno... - e noi siam salvi!
    Poscia a Civitavecchia... una tartana...
    e via pel mar!
CAVARADOSSI
          Liberi!
TOSCA
          Chi si duole
85 in terra più? Senti effluvi di rose?!...
    Non ti par che le cose
    aspettan tutte innamorate il sole?...
CAVARADOSSI (colla più tenera commozione)
    Amaro sol per te m'era il morire,
    da te la vita prende ogni splendore
90 all'esser mio la gioia ed il desire
    nascon di te, come di fiamma ardore.
    Io folgorare i cieli e scolorire
    vedrò nell'occhio tuo rivelatore,
    e la beltà delle cose più mire
95 avrà sol da te voce e colore.
TOSCA
    Amor che seppe a te vita serbare,
    ci sarà guida in terra, e in mar nocchier...
    e vago farà il mondo riguardare.
    Finché congiunti alle celesti sfere
100 dileguerem, siccome alte sul mare
    a sol cadente, (fissando come in una visione)
          nuvole leggere!...

ATTO TERZO

per accarezzare bambini, per cogliere rose,
per pregare, giunte, nei momenti di sofferenza;
dunque siete diventate forti per amore
e la giustizia ha riposto le sue armi sacre in voi.
Voi avete dato la morte, o mani vittoriose;
dolci mani, buone e pure!...
TOSCA (libera le mani)
Senti, si avvicina l'ora (mostra la borsa)
Io ho già raccolto oro e gioielli...
una vettura è pronta.
Ma prima di andarcene.. ridi amore... prima
sarai fucilato - per finta - ad armi scariche...
Un supplizio per finta. Al colpo... cadi.
I soldati se ne vanno... e noi siamo salvi!
Poi a Civitavecchia ci aspetta una tartana...
e via per il mare!
CAVARADOSSI
Liberi!
TOSCA
Chi si lamenterà più sulla terra?
Senti il profumo delle rose?
Non ti sembra che le cose
aspettano tutte innamorate il sole?...
CAVARADOSSI (con la più tenera commozione)
Morire sarebbe stato amaro solo perché lasciavo
te; da te la vita prende ogni splendore,
la mia gioia e il mio desiderio nascono
da te, come la luce nasce dalla fiamma.
Io vedrò nel tuo occhio accendersi
e scolorire il cielo.
E la bellezza delle cose più ammirabili
prenderà la voce e il colore da te.
TOSCA
Amore che ha saputo salvarti la vita, sarà
la nostra guida in terra e il nostro nocchiero
in mare... e ci farà vedere bello tutto il mondo.
Finché uniti in cielo ci allontaneremo,
come sono sul mare al tramonto
(fissa lontano come in una visione)
le nuvole leggere!...

Pur confusa psicologicamente, la donna conserva la lucidità per organizzare la fuga.

I due amanti si abbandonano al sogno di una vita futura che li vedrà lontani e felici. Si sforzano di rassicurasi a vicenda e alternano momenti convincenti ad altri più artificiosi; triste Cavaradossi (forse perché non crede alla grazia di Scarpia?) più esaltata e vaneggiante Tosca.

105. «*è mestiere*»: è necessario.
108. «*al naturale*»: con naturalezza, che sembri vero.
109. «*stammi attento*»: stai attento per me (forma affettuosa).
110. «*scenica scienza*»: scienza teatrale.
111. «*movenza*»: movimento.
112. «*dianzi*»: prima.
118. «*trionfal*»: trionfale.
119. «*speme*»: speranza.

(rimangono commossi, silenziosi: poi Tosca, chiamata dalla realtà delle cose, si guarda attorno inquieta)
 E non giungono...
(si volge a Cavaradossi con premurosa tenerezza)
    Bada!
105 al colpo egli è mestiere
 che tu subito cada.
CAVARADOSSI (triste)
    Non temere
 che cadrò sul momento - e al naturale.
TOSCA (insistendo)
 Ma stammi attento - di non farti male!
110 Con scenica scienza
 io saprei la movenza...
CAVARADOSSI (la interrompe, attirandola a sé)
 Parlami ancor come dianzi parlavi,
 è così dolce il suon della tua voce!
TOSCA (si abbandona quasi estasiata, quindi a poco a poco accalorandosi)
 Uniti ed esulanti
115 diffonderem pel mondo i nostri amori
 armonie di colori...
CAVARADOSSI (esaltandosi)
 Armonie di canti diffonderem...
TOSCA - CAVARADOSSI
(con grande entusiasmo)
 Trionfal,
 di nuova speme
120 l'anima freme
 in celestial
 crescente ardor.
 Ed in armonico vol
 già l'anima va
125 all'estasi d'amor.
TOSCA
 Gli occhi ti chiuderò con mille baci
 e mille ti dirò nomi d'amor...
(Frattanto dalla scaletta è salito un drappello di soldati: lo comanda un Ufficiale, il quale schiera i sol-

Atto terzo

(Rimangono commossi e silenziosi. Poi Tosca, chiamata dalla realtà delle cose, si guarda attorno inquieta)
Ancora non arrivano...
(si rivolge a Cavaradossi con premurosa tenerezza)
Bada!...
Al colpo è necessario
che tu cada subito.
CAVARADOSSI (triste)
Non avere paura.
Cadrò sul momento e in modo naturale.
TOSCA (insiste)
Ma stai attento a non farti male!
Con l'esperienza di scena
io saprei il movimento da fare...
CAVARADOSSI (la interrompe e la stringe a sé)
Parlami ancora come mi parlavi prima,
è così dolce il suono della tua voce!
TOSCA
(si abbandona estasiata, poi si infervora)
Uniti ed esuli
porteremo nel mondo i nostri amori.
Armonie di colori...
CAVARADOSSI (esaltato)
Diffonderemo armonie di canti...
TOSCA-CAVARADOSSI
(con grande entusiasmo)
L'anima trionfa
di nuova speranza
in un fuoco divino
sempre più vivo.
E si alza con armonia
per raggiungere l'estasi d'amore.

TOSCA
Ti chiuderò gli occhi con mille baci
e ti darò mille nomi d'amore...
(Frattanto dalla scaletta è salito un drappello di soldati; lo comanda un Ufficiale, il quale schiera i sol-

---

La frase «ma stammi attento di non farti male!» (v. 109) esprime una sollecitudine materna.

Nel duetto vi è un omaggio reciproco degli amanti: lei cita i «colori» in omaggio alla pittura, lui cita i «canti» in omaggio alla musica.

Il duetto che segue è frutto di un compromesso tra l'editore Ricordi, che voleva un «inno latino» eroico in lode di Roma, e le esigenze di Puccini che rifiutò di scrivere una «trionfalata», giudicando più opportuna qui l'esaltazione dell'amore, anche se con risultati simili a un' estasi isterica.

133. «*innanzi*»: prima.

dati nel fondo: seguono Spoletta, il Sergente, il Carceriere. - Spoletta dà le necessarie istruzioni. Il cielo si fa più luminoso; è l'alba: suonano le 4 del mattino. Il Carceriere si avvicina a Cavaradossi e togliendosi il berretto gli indica l'Ufficiale)

CARCERIERE
L'ora!
CAVARADOSSI
Son pronto.
(il Carceriere prende il registro dei condannati e scende per la scaletta)
TOSCA (a Cavaradossi, con voce bassissima e ridendo di soppiatto)

130   (Tieni a mente... al primo colpo,... giù...)
CAVARADOSSI (sottovoce, ridendo esso pure)
    (Giù).
TOSCA
    (Né rialzarti innanzi ch'io ti chiami).
CAVARADOSSI
135   (No, amore!)
TOSCA
    (E cadi bene).
CAVARADOSSI (sorridendo)
  (Come la Tosca in teatro).
TOSCA (vedendo sorridere Cavaradossi)
    (Non ridere...)
CAVARADOSSI (serio)
  (Così?)
TOSCA
140   (Così).
(Cavaradossi segue l'Ufficiale dopo aver salutato Tosca, la quale si colloca a sinistra, nella casamatta, in modo però di poter spiare quanto succede sulla piattaforma. Essa vede l'Ufficiale ed il Sergente che conducono Cavaradossi presso il muro di faccia a lei: il Sergente vuol porre la benda agli occhi di Cavaradossi: questi, sorridendo, rifiuta. Tali lugubri preparativi stancano la pazienza di Tosca.

Atto Terzo

dati nel fondo; seguono Spoletta, il Sergente, il Carceriere. Spoletta dà le necessarie istruzioni. Il cielo si fa più luminoso: è l'alba; suonano le quattro del mattino. Il Carceriere si avvicina a Cavaradossi e togliendosi il berretto gli indica l'Ufficiale)
CARCERIERE
L'ora!
CAVARADOSSI
Sono pronto.
(il Carceriere prende il registro dei condannati e scende per la scaletta)
TOSCA (a Cavaradossi, con voce bassissima e ridendo di nascosto)
Ricordati... al primo
colpo, giù...
CAVARADOSSI (sottovoce, ridendo anche lui)
Giù.
TOSCA
Non rialzarti
prima che io ti chiami.
CAVARADOSSI
No, amore!
TOSCA
E cadi bene.
CAVARADOSSI (sorride)
Come la Tosca in teatro.
TOSCA (che lo vede sorridere)
Non ridere...
CAVARADOSSI (serio)
Va bene così?
TOSCA
Così.
(Cavaradossi segue l'Ufficiale dopo aver salutato Tosca, la quale si colloca a sinistra nella casamatta, in modo da poter osservare quello che succede sulla piattaforma. Essa vede l'Ufficiale ed il Sergente che conducono Cavaradossi presso il muro di faccia a lei; il Sergente vuole porre la benda agli occhi di Cavaradossi; lui sorride e si rifiuta. Questi preparativi tristi stancano la paziente Tosca)

Ritorno alla realtà. La fucilazione di Cavaradossi è preparata da una «marcia al patibolo», risolta con un *basso ostinato* insistente e prolungato. L'*ostinato* di Puccini è stato definito una forma di «sadismo musicale» perché sottopone i nervi del pubblico a una tale tortura che la fucilazione viene accolta quasi come una liberazione.

142. «*indugiano*»: ritardano.
pelottone»: plotone, piccolo gruppo di soldati per l'esecuzione.
145. «*apprestano*»: preparano.

Come è lunga l'attesa!
Perché indugiano ancor?... Già sorge il
[sole...
Perché indugiano ancora?... è una
[commedia,
lo so... ma questa angoscia eterna pare!...
(l'Ufficiale e il Sergente dispongono il pelottone dei soldati, impartendo gli ordini relativi)
145 Ecco!... apprestano l'armi... com'è bello
il mio Mario!...
(vedendo l'Ufficiale che sta per abbassare la sciabola, si porta le mani agli orecchi per non udire la detonazione; poi fa cenno colla testa a Cavaradossi di cadere, dicendo:)
Là! muori!
(vedendolo a terra gli invia colle mani un bacio)
Ecco un artista!...
(il Sergente si avvicina al caduto e lo osserva attentamente: Spoletta pure si è avvicinato; allontana il Sergente impedendogli di dare il colpo di grazia, quindi copre Cavaradossi con un mantello. L'Ufficiale allinea i soldati: il Sergente ritira la sentinella che sta in fondo, poi tutti, preceduti da Spoletta, scendono la scala. Tosca è agitatissima: essa sorveglia questi movimenti temendo che Cavaradossi, per impazienza, si muova o parli prima del momento opportuno).
(a voce repressa verso Cavaradossi)
O Mario, non ti muovere...
150 s'avviano... taci! vanno... scendono.
(vista deserta la piattaforma, va ad ascoltare presso l'imbocco della scaletta: vi si arresta trepidante, affannosa, parendole ad un tratto che i soldati, anziché allontanarsi, ritornino sulla piattaforma - di nuovo si rivolge a Cavaradossi, con voce bassa)
Ancora non ti muovere...
(ascolta - si sono tutti allontanati, va al parapetto e cautamente sporgendosi, osserva di sotto - corre verso Cavaradossi)
Presto, su! Mario! Andiam!... Su!

ATTO TERZO

Come è lunga l'attesa!
Perché indugiano ancora? ... Già sorge il
　　　　　　　　　　　　　　　[sole...
Perché indugiano ancora? ... Lo so... è una
commedia, ma questa angoscia sembra eterna!

(L'Ufficiale e il Sergente dispongono in riga il plotone dei soldati, impartendo gli ordini necessari)
Ecco!... preparano le armi...
com'è bello il mio Mario!
(L'Ufficiale abbassa la sciabola; Tosca si porta le mani agli orecchi per non sentire la detonazione; fa cenno con la testa a Cavaradossi di cadere:)
Là! Muori!
(Cavaradossi è a terra; Tosca gli manda un bacio con le mani)
Ecco un artista!
(il Sergente si avvicina al caduto e lo osserva attentamente. Anche Spoletta si è avvicinato per impedire al Sergente di dare il colpo di grazia; quindi copre Cavaradossi con un mantello. L'Ufficiale allinea i soldati; il Sergente ritira la sentinella che sta in fondo. Poi tutti, preceduti da Spoletta, scendono la scala. Tosca è agitatissima; sorveglia questi movimenti e teme che Cavaradossi, per impazienza, si muova o parli prima del momento opportuno)

(a bassa voce, verso Cavaradossi)
Mario, non ti muovere... si allontanano...
non parlare!... se ne vanno... scendono.
(Appena la piattaforma è vuota, Tosca va ad ascoltare all'imbocco della scaletta; vi si ferma, trepidante, affannosa; ad un tratto le sembra che i soldati tornino indietro e di nuovo si rivolge a Cavaradossi, sottovoce)
Ancora non ti muovere...
(ascolta, si sono tutti allontanati; cautamente osserva di sotto, poi corre verso Cavaradossi)

Presto, su! Mario! Andiamo! ... Su!

> Tosca vuole illudersi, parla a se stessa, ma la musica s'incarica di rivelare il vero destino delle vittime con interventi già preannunciati nel II atto.

(si china per aiutare Cavaradossi a rialzarsi: a un tratto dà un grido soffocato di terrore, di sorpresa e si guarda le mani colle quali ha sollevato il mantello)
Ah!
(si inginocchia, toglie rapidamente il mantello e balza in piedi livida, atterrita)
Morto!... morto!...
(con incomposte parole, con sospiri, singhiozzi si butta sul corpo di Cavaradossi, quasi non credendo all'orribil destino)

155 Mario... morto... tu... così!... Finire
così!! così?... povera Floria tua!
(intanto dal cortile al disotto del parapetto e su dalla piccola scala arrivano prima confuse, poi sempre più vicine le voci di Sciarrone, di Spoletta e di alcuni soldati)
VOCI CONFUSE
Ah!...
LA VOCE DI SCIARRONE
 Vi dico, pugnalato!
VOCI CONFUSE
 Scarpia?
LA VOCE DI SCIARRONE
160   Scarpia.
LA VOCE DI SPOLETTA
 La donna è Tosca!
VARIE VOCI PIÙ VICINE
    Che non sfugga!
LA VOCE DI SPOLETTA E SCIARRONE
(più vicine)
      Attenti
agli sbocchi delle scale!
(Spoletta apparisce dalla scala, mentre Sciarrone dietro a lui gli grida additando Tosca:)
SCIARRONE
165 È lei!
SPOLETTA (gettandosi su Tosca)
 Ah! Tosca, pagherai
ben cara la sua vita!...

ATTO TERZO

(Si china per aiutare Cavaradossi a rialzarsi; a un tratto dà un grido soffocato di terrore, di sorpresa e si guarda le mani colle quali ha sollevato il mantello)
Ah!
(S'inginocchia, rapidamente strappa il mantello, balza in piedi livida, atterrita)
Morto!... morto!...
(con sospiri e singhiozzi si butta sul corpo di Cavaradossi)

Oh Mario... morto, tu, così!... Finire così! così?... povera Floria tua!
(Intanto dal cortile sotto il parapetto e su dalla scaletta arrivano, prima confuse e poi sempre più vicine, le voci di Sciarrone, di Spoletta e di alcuni soldati)
VOCI CONFUSE
Ah!...
VOCE DI SCIARRONE
Vi dico che è stato pugnalato!
VOCI CONFUSE
Scarpia?
VOCE DI SCIARRONE
Scarpia.
LA VOCE DI SPOLETTA
La donna è Tosca!
VOCI PIÙ VICINE
Non fatela fuggire!
VOCI DI SPOLETTA E SCIARRONE
(più vicine)
Attenti alle uscite delle scale!

(Spoletta appare sulle scale, mentre Sciarrone, dietro di lui, gli indica Tosca:)
SCIARRONE
È lei!
SPOLETTA (si getta su Tosca)
Tosca! Pagherai cara la sua vita! ...

Finalmente i soldati si allontanano: Tosca invita Cavaradossi a rialzarsi in fretta, poi capisce che è morto davvero. Ma la disperazione è di breve durata. Voci concitate si rincorrono per la scaletta alla sua ricerca.

Una serie di scale cromatiche e di accordi incalzanti scandiscono il precipitare della situazione. A Tosca non resta che un'azione rapida, drammaturgicamente insostituibile, e si getta nel vuoto dagli spalti del castello. Il tema «E lucean le stelle» è ripreso a piena orchestra con l'indicazione di «fortissimo» (*fff*), citazione del vissuto felice d'un amore tragicamente concluso.

168. «*colla mia*»: con la mia.
169. «*avanti a Dio*»: davanti al giudizio di Dio. Nel dramma di Sardou Spoletta grida: «ti manderò a raggiungere il tuo amante» e Tosca risponde: «ci vado, canaglia».

(Tosca balza in piedi e invece di sfuggire Spoletta, lo respinge violentemente, rispondendogli:)
TOSCA

Colla mia!

(all'urto inaspettato Spoletta dà addietro e Tosca rapida gli sfugge, passa avanti a Sciarrone ancora sulla scala e correndo al parapetto si getta nel vuoto gridando:)

O Scarpia, avanti a Dio!...

(Sciarrone ed alcuni soldati, saliti confusamente, corrono al parapetto e guardano giù. Spoletta rimane esterrefatto, allibito).

Atto terzo

(Tosca balza in piedi, respinge Spoletta violentemente e gli risponde:)
TOSCA
 Con la mia!
(all'urto inaspettato, Spoletta indietreggia; Tosca rapida gli sfugge e corre verso il parapetto e si getta nel vuoto gridando:)

 Scarpia, davanti a Dio!
(Sciarrone e alcuni soldati, saliti in disordine, corrono al parapetto e guardano giù. Spoletta rimane sbalordito).

La mole di Castel Sant'Angelo in una fotografia dei primi decenni del Novecento. Sulla piattaforma della fortezza, eretta fra il Duecento e il Cinquecento sulle strutture del mausoleo dell'imperatore Adriano (76-138), si svolge il tragico epilogo di *Tosca*.

TOSCA: «CON SCENICA SCIENZA»

La vicenda e il contesto

La vicenda è ambientata a Roma nel 1800, dopo la caduta della Repubblica romana sconfitta dall'esercito borbonico. I protagonisti, la celebre cantante Floria Tosca e il suo amante, il pittore Mario Cavaradossi, sospettato di simpatie giacobine, sono vittime del regime di repressione impersonato dal dissoluto e bigotto barone Scarpia, capo della polizia. Ma lo spunto storico, traslato da Sardou a Puccini, diventa sfondo occasionale a una storia di potere - sesso - amore.

L'idea di rappresentare proprio a Roma un dramma imbevuto di atmosfere romane e ambientato in tre luoghi artistici precisamente definiti, come Sant'Andrea della Valle, Palazzo Farnese e Castel Sant'Angelo, spinse Puccini a una ricerca filologica accurata. Per la ricostruzione della processione del *Te Deum* secondo il rituale romano, ricorse alla consulenza dell'amico Don Panichelli, alle fonti d'archivio vaticane, a 18 preziose tavole dipinte del primo '800 che gli fornì il suo editore Giulio Ricordi.

Altrettanta cura pose nell'individuare i toni giusti di quelle campane che sono udibili da Castel Sant'Angelo al suono del mattutino (Preludio atto III, «L'alba su Roma»), in particolare il «campanone» di San Pietro, che risultò corrispondere a un «mi naturale».

Infine Roma non è Roma senza il riferimento ai pastori, che ancora agli inizi del nostro secolo attraversavano il greto del Tevere portando le greggi al pascolo. Il canto del pastorello pucciniano («Io de' sospiri») è costruito su una quartina in romanesco del poeta Giggi Zanazzo.

La drammaturgia

Drammaturgicamente parlando, il personaggio di Floria Tosca mantiene il carattere della *tragédienne*, più *Liberty* che *Impero*. Recita sempre, dal suo ingresso con i fiori per la Madonna fino alla morte spettacolare: accetta la finzione perché un'attrice può credere alla «grazia» e al «salvacondotto» di Scarpia; costruisce una scenografia con le candele e il Crocefisso intorno al suo cadavere; insegna a Cavaradossi come morire con «scenica scienza»; chiude enfaticamente la sua esistenza pronunciando una frase di gusto teatrale.

Anche la «casetta» è evocata come atmosfera, anche il monologo «Vissi d'arte» è un'autocontemplazione. Proprio perché a senso unico, il personaggio di Tosca è centrale, dirompente e funzionale vicino a Cavaradossi.

Questi è un eroe per caso. Non si occupa di politica se non a livello marginale di simpatie; nonostante alcune maldestre uscite eroiche, raggiunge la sua massima espressività nelle celebri, quanto belle, arie d'amore *Recondite armonie, E lucean le stelle* (a dispetto di quanti avrebbero preferito ascoltarlo in un inno alla patria). Vede «occulti amori» nella presenza dell'Attavanti in chiesa e ha nostalgia di Tosca nuda mentre è sul punto di morire. Insomma, questo giovane è un semplice che vorrebbe amare e basta. E come tutti i semplici, è una vittima predestinata: del sagrestano, di Angelotti, di Tosca, di Scarpia oltre che dei torturatori. A lui resta il vanto di essere interprete della prima scena di tortura apparsa nella storia dell'opera.

Scarpia è il *deus ex machina* dell'intera situazione. Dissoluto e morbosamente zelante, agisce nel male anche dopo morto perché le trame del suo potere non si interrompono. È l'unico vero personaggio di spessore storico e politico. Si addicono a Scarpia gli interni, i luoghi del potere dove si costruiscono gli inganni e gli avvenimenti di morte.

Tosca è un'opera di interni inibitori per i personaggi, come la Chiesa dove si può tramare ma non amare o fare violenza, la stanza di Scarpia a Palazzo Farnese da cui si esce o ricattati o condannati, la cella di Castel Sant'Angelo, luogo di sosta prima dell'esecuzione. Gli esterni nell'opera sono «raccontati», udibili ma non visibili. Così l'evento storico, i luoghi di battaglia o il luogo della cantata del II atto che «entra» dalla finestra, disturba tanto Cavaradossi che Scarpia, e costringe quest'ultimo, per tornare padrone della situazione, a «chiudere» l'ambiente. Così le campane, la voce del pastorello, i sonagli delle pecore che annunciano l'alba su Roma. La piattaforma di Castel Sant'Angelo, l'unico esterno funzionale alla vicenda, conclude la macchinazione.

Lungo questi labirinti corrono i tre fili conduttori della *Tosca* pucciniana riconducibili a potere (Scarpia/

Chiesa), sesso (Scarpia/Tosca, Tosca/Cavaradossi) e amore (Tosca/Cavaradossi).
L'amore presuppone un quarto legame tra vicende e personaggi, l'arte, fatale per Tosca cantante, marginale per Cavaradossi pittore.

La musica

La cifra della scrittura di Puccini trascende la passionalità vocale solo apparentemente verista e si qualifica come un'originalissima analisi di stilemi armonici tardoromantici, in cui tanto Gustav Mahler (che volle dirigere più volte *Tosca* a Vienna) che Richard Strauss riconobbero precise anticipazioni delle loro conquiste.

La concisione delle invenzioni musicali, lungi dall'essere solo un portato del verismo, corrisponde alla essenzialità drammaturgica.

Il canto esasperato, prossimo al grido, rimanda a Wagner o addirittura guarda inconsapevolmente in avanti, al parlare ritmato (*Sprachgesang*) espressionista di Schönberg.

Puccini mostra una tendenza a usare il tema conduttore «oltre Wagner», ossia non predisponendo la scena alla sua riapparizione bensì alla sua metamorfosi armonica e melodica.

Valga per tutti l'esempio del tema di Scarpia, che apre l'opera con tre accordi (il Tritono), poi ritorna più minaccioso e deciso all'entrata del personaggio in scena e riaffiora quando occorre mantenere la tensione, il presentimento della minaccia che incombe, talvolta disfatto e irriconoscibile come nella drammatica chiusura del II atto.

Una forte speculazione sui timbri più bassi, sia negli archi che nei fiati, sostiene in *Tosca* temi più energici e perentori rispetto alla precedente produzione di Puccini.

INDICE

pag. 3 Introduzione

6 Atto primo

54 Atto secondo

102 Atto terzo

122 *Tosca*: «con scenica scienza»

L'italiano per stranieri

Amato
Mondo italiano
testi autentici sulla realtà sociale e culturale italiana
• libro dello studente
• quaderno degli esercizi

Ambroso e Stefancich
Parole
10 percorsi nel lessico italiano
esercizi guidati

Avitabile
Italian for the English-speaking

Barki e Diadori
Pro e contro 1
conversare e argomentare in italiano
livello intermedio
• libro dello studente
• guida per l'insegnante

Battaglia
Grammatica italiana per stranieri

Battaglia
**Gramática italiana
para estudiantes de habla española**

Battaglia
Leggiamo e conversiamo
letture italiane
con esercizi per la conversazione

Battaglia e Varsi
Parole e immagini
corso elementare di lingua italiana
per principianti

Bettoni e Vicentini
Imparare dal vivo**
lezioni di italiano - livello avanzato
• manuale per l'allievo
• chiavi per gli esercizi

Buttaroni
Letteratura al naturale
autori italiani contemporanei
con attività di analisi linguistica

Camalich e Temperini
Un mare di parole
letture ed esercizi di lessico italiano

Cherubini
L'italiano per gli affari
corso comunicativo di
lingua e cultura aziendale
• manuale di lavoro
• 1 audiocassetta

Diadori
Senza parole
100 gesti degli italiani

Gruppo META
Uno
corso comunicativo - primo livello
• libro dello studente
• libro degli esercizi e sintesi di grammatica
• guida per l'insegnante
• 3 audiocassette

Gruppo META
Due
corso comunicativo - secondo livello
• libro dello studente
• libro degli esercizi e sintesi di grammatica
• guida per l'insegnante
• 4 audiocassette

Gruppo NAVILE
Dire, fare, capire
l'italiano come seconda lingua
• libro dello studente
• guida per l'insegnante
• 1 audiocassetta

Humphris, Luzi Catizone, Urbani
Comunicare meglio
corso di italiano
livello intermedio-avanzato
• manuale per l'allievo
• manuale per l'insegnante
• 4 audiocassette

Istruzioni per l'uso dell'italiano in classe 1
88 suggerimenti didattici per attività comunicative

Istruzioni per l'uso dell'italiano in classe 2
111 suggerimenti didattici per attività comunicative

Maffei e Spagnesi
Ascoltami!
22 situazioni comunicative
- manuale di lavoro
- 2 audiocassette

Marmini e Vicentini
Imparare dal vivo*
lezioni di italiano - livello intermedio
- manuale per l'allievo
- chiavi per gli esercizi

Marmini e Vicentini
Ascoltare dal vivo
manuale di ascolto - livello intermedio
- quaderno dello studente
- libro dell'insegnante
- 3 audiocassette

Paganini
issimo
quaderno di scrittura - livello avanzato

Quaderno IT - n. 1
esame per la certificazione dell'italiano come L2 - livello avanzato
- volume + audiocassetta

Radicchi e Mezzedimi
Corso di lingua italiana
livello elementare
- manuale per l'allievo
- 1 audiocassetta

Radicchi
Corso di lingua italiana
livello intermedio

Radicchi
In Italia
modi di dire ed espressioni idiomatiche

Spagnesi
Dizionario dell'economia e della finanza

Totaro e Zanardi
Quintetto italiano
approccio tematico multimediale
livello avanzato
- libro dello studente
- quaderno degli esercizi
- 2 audiocassette
- 1 videocassetta

Ulisse
Faccia a faccia
attività comunicative
livello elementare-intermedio

Urbani
Senta, scusi...
programma di comprensione auditiva con spunti di produzione libera orale
- manuale di lavoro
- 1 audiocassetta

Urbani
Le forme del verbo italiano

Verri Menzel
La bottega dell'italiano
antologia di scrittori italiani del Novecento

Vicentini e Zanardi
Tanto per parlare
materiale per la conversazione
livello medio-avanzato
- libro dello studente
- libro dell'insegnante

Bonacci editore

Classici italiani per stranieri
testi con parafrasi a fronte* e note

1. Leopardi • *Poesie**
2. Boccaccio • *Cinque novelle**
3. Machiavelli • *Il principe**
4. Foscolo • *Sepolcri e sonetti**
5. Pirandello • *Così è (se vi pare)*
6. D'Annunzio • *Poesie**
7. D'Annunzio • *Novelle*
8. Verga • *Novelle*
9. Pascoli • *Poesie**
10. Manzoni • *Inni, odi e cori**
11. Petrarca • *Poesie**
12. Dante • *Inferno**
13. Dante • *Purgatorio**
14. Dante • *Paradiso**
15. Goldoni • *La locandiera*

Libretti d'opera per stranieri
testi con parafrasi a fronte e note

1. *La Traviata*
2. *Cavalleria rusticana*
3. *Rigoletto*
4. *La Bohème*
5. *Il barbiere di Siviglia*
6. *Tosca*

Letture per stranieri

1. Marretta • *Pronto, commissario…? 1*
   16 racconti gialli con soluzioni ed esercizi per la comprensione del testo
2. Marretta • *Pronto, commissario…? 2*
   16 racconti gialli con soluzioni ed esercizi per la comprensione del testo

——— Bonacci editore ———

Linguaggi settoriali

Dica 33
Il linguaggio della medicina
• libro dello studente
• guida per l'insegnante
• 1 audiocassetta

Una lingua in Pretura
Il linguaggio del diritto
• libro dello studente
• guida per l'insegnante
• 1 audiocassetta

L'arte del costruire
• libro dello studente
• guida per l'insegnante

I libri dell'arco

1. Balboni • *Didattica dell'italiano a stranieri*
2. Diadori • *L'italiano televisivo*
3. Micheli • *Test d'ingresso di italiano per stranieri*
4. Benucci • *La grammatica nell'insegnamento dell'italiano a stranieri*
5. AA.VV. • *Curricolo d'italiano per stranieri*

——— Università per Stranieri di Siena - Bonacci editore ———